李氏古传太极系列丛书

# 太极的秘密——

## 太极内功心法大成捷要（二）

薛文宇 著

人民体育出版社

图书在版编目（CIP）数据

太极的秘密：太极内功心法大成捷要.二/薛文宇著.－－北京：人民体育出版社，2022（2023.3重印）
（李氏古传太极系列丛书）
ISBN 978-7-5009-6155-0

Ⅰ.①太… Ⅱ.①薛… Ⅲ.①太极拳－基本知识 Ⅳ.①G852.11

中国版本图书馆CIP数据核字(2022)第025818号

\*

人民体育出版社出版发行
北京新华印刷有限公司印刷
新　华　书　店　经　销

\*

880×1230　32开本　8印张　188千字
2022年9月第1版　2023年3月第2次印刷
印数：3,001—5,000册

\*

ISBN 978-7-5009-6155-0
定价：32.00元

社址：北京市东城区体育馆路8号（天坛公园东门）
电话：67151482（发行部）　　邮编：100061
传真：67151483　　　　　　　邮购：67118491
网址：www.psphpress.com

（购买本社图书，如遇有缺损页可与邮购部联系）

探索太极奥妙　　道破古传真秘

郑昭明传授　　薛文宇撰写

文 字 太 极 文 化 研 究 院

李氏太极拳创始人　李瑞东（1851—1917年）

李氏太极拳第二代　李霁英（1904—1962年）

李氏太极拳第三代　郑炳章（1911—2006年）

李氏太极拳第四代　郑昭明（1955—）

作者像

作者练拳照

李氏太极造福社会

昌沧书于京华己亥夏九句冬

昌沧老先生题词

# 序 一

太极拳，乃中华武术中优秀拳种之一。它源远流长、博大精深，但太极拳究竟是谁创造的至今仍众说纷纭。它门派众多，互相融合发展，这是社会发展的自然现象。它源于人们生存和生活的需求，服务于人们。它的拳理精深，与导引、吐纳、中医经络学说等相结合，又总结、汲取民间流传的武术有关经验和理论。故其内涵丰富、特点鲜明，被归纳为"静心用意，呼吸自然；中正安舒，柔和缓慢；动作弧形，圆活完整；连贯协调，虚实分明；轻灵沉着，刚柔相济。"

太极拳的技击性很强，很有自己的道理特点！如太极八法"掤、捋、挤、按、採、挒、肘、靠"。太极拳先贤王宗岳曾说"有力打无力，手慢让手快，是皆先天自然之能，非关学力而有为也"。也就是说，太极拳的"劲力"与其他技法相比有不同的妙用。所以，我认为能不能练出劲力来是练太极拳正确与否的一个标准。

据已故著名武术家顾留馨研究太极拳的体会：练拳，要讲究"身法、手法、步法、腿法及每势的着法——攻、防方法"，李氏太极拳也不例外。"中国武术各拳种的'套路'，就是由各个不同的'势'连贯组成的。每'势'都有其主要攻防方法和变化方法，错综互用。"不讲"技击""防御"方法的套路，那就是"体操、舞蹈、导引或八段锦"；只讲姿势优美、自我欣赏，实用性差，则称其为"花拳绣腿"或誉为"武舞"。

　　源于天津市武清区李瑞东先师（1851—1917年）所传的太极拳，亦具有上述特征。因他"历经中华武术六大名师传授"，又"长期往来于津京两地"，"广交良师益友，耳濡目染，体悟力行"，且"一生潜心研究中华武学"，故李师武德高尚，武学精深，从而使"拳成一家"！后学者尊称这一优秀拳种为"李派太极拳"。

　　薛文宇先生编著的《太极的秘密——太极拳内功心法大成捷要》一书，即以其所练的李氏太极拳理法精髓为主，兼及融合其他所学而进行深入浅出的发挥。本书为我们提供了有关太极拳诸多方面的相关论述和诠释。无论是对武术爱好者，还是对武术行家和研习者而言，都具有极其可贵的学习参考价值，我这个"老外"更是受益匪浅。愿通过这本书能给大家带来超乎寻常的学习效果。

昌　沧

# 序 二

欣闻我的弟子薛文宇的作品即将付梓成书，我甚为自豪与高兴。文宇自小礼佛，长而参道，成而太极。因其生有夙慧，加之能够做到知行合一，故在传统文化上有着深厚的底蕴和独到的见解。文宇为人尊师重道，品行敦厚，一直是我极为喜爱和非常认可的弟子之一。

纵观此书内容，可谓洋洋洒洒，文字精练，语言平实，不仅能让读者阅之心气和畅，且能将太极拳中的许多精妙之处说得通俗易懂，这既需要具有相当的体悟功底，也离不开写作时的良苦用心。真可谓人如其书，书如其人。虽然他是我的弟子，但我对这本书的推荐本着举贤不避亲的态度。

此书通过正教、合道、真宗、明理、得法、叩心、练术、古秘、桩功九大方面将传统太极拳的继承与发展，包括李氏太极拳的一部分理法做了多角度、全方位的交代。在太极拳逐渐被简化的今天，既能让大家从中寻觅到古传练法的踪影，又能在新的时代赋予古传练法新的历史使命。我认为这是此书与很多同类书籍的一大不同之处。相信读者朋友们也会在不断的深入研读中与我产生同感。

通读全书，我们会发现一个极为有趣的现象，即全书虽然看似没有几处交代具体练法，可却能让读者在每一处都得到启发。其效犹如老子传道、佛陀传法，虽不具体，却又俱足。勿论初学或是久练，不管此门还是他派，都能在这本书里找到与他共鸣、帮他提升的所在，这是让我极为赞叹的。

　　文宇虽学经诸师，最终却拜入我的门下，这是我们师徒二人前世今生的缘法。他学艺从不贪多，适可而止。学一手练一手，练会一手再学下一手。不求进境神速，但求厚德载物。他每每都能在学习之际见微知著、入微阐幽。从中既可见证他的聪明才智，也可得证他从小到大沉浸在儒、释、道文化中的漫长积累和厚积薄发。

　　因此，这本书中的内容既有我对他平日里心传口授的内容，也有他融合过往所学的发挥。我还是非常认同他这样做的。正所谓，一花一世界，一人一如来。太极又何尝不是如此呢！当然，这一切均需建立在继承正统的基础上才可，毕竟，没有继承就无从谈及发展。而文宇在继承上得到了我的认同。所以，我是十分愿意给他作这个序的。

　　说了这么多，权且当作一名读者提前阅览后的肺腑之言吧！至于是不是我所说的这样，相信读者朋友们看过之后会更加有发言权。当然，我们每个人的一生都处在不断的学习和进步当中，世上也总是有比我们更有远见卓识的人存在。每个人认识事物、看待问题的方式方法都不尽相同，因此文中也可能会存在争议之处，以及论述有瑕疵之处，感谢各位的理解与包容。

郑昭明

# 自　序

我从小就礼佛参道学儒，对中国的传统文化有着与生俱来的情结、情怀。因为有着这样的基础，青年时期有缘接触了太极拳，而这样的经历让我对于太极拳的学与练、思与行有异于常人。我从来都没有把太极拳当成武术来看待，当然，它确实是武术的一种。可太极拳自身所蕴含的哲理与功能远远超出武术范畴。如果一个人学练太极拳不能够从这一层面去认识，那么他必然走错方向，或是必然影响其水平境界的无限提升。

我平时说太极拳经常是不带拳字的，所以在很多文章当中常见太极不见拳，这绝不是省略之故，而是我所说的太极不仅指太极拳，还包含了更大体量的信息在内，那么大家也就会明白为什么我所写的文章覆盖面很广，有拳、有功、有养生、有修行、有站桩、有打坐。

其实，拳无非就是一个载体而已，站桩、打坐也是一样，它们都是在太极原理的指导下作用于人的。因此，太极不仅是拳，还可以是站桩、打坐，关键是如何去认识它，这种认识包括对太极原理的理解程度和落实方法，以及是否能跳出拳的这个局限来认识太极。如果能做到，那么恭喜，我们将会一起在真正的太极世界遨游。可以毫不为过地说，这也是本书与其他任何太极拳书籍所不同的地方之一。

很多人都在学太极拳，也有人不断地在计划着学习太极拳。可从现在的普遍情况来看，大家对于太极拳到底是什么，太极拳到底应该怎么练其实还是不清楚。不仅如此，因为太多人的这种不清楚致使大家把老祖宗留下来的传统太极拳练得越来越不是过去那么一回事了。可大家并不知道，由于这种学风日盛而愈加背离真正的太极大道，使大家每一天的付出，包括时间、心血、汗水、精力、费用等的支出变成了高成本、低回报。

为了帮助大家不走弯路，今应广大拳友、功友们的学习需求，特将我的公众号"太极的秘密"中的部分文章及李氏古传太极部分功法整理编印成系列丛书奉献给大家，希望能让大家通过这些内容树立真正的太极观，练出真正的太极功、太极拳。

《太极的秘密——太极内功心法大成捷要》分为（一）（二）两册，我根据文章内容性质的不同将其划分为正教、合道、真宗、明理、得法、叩心、练术、古秘、桩功九个章节。

尊师重道。这是任何一名传统文化学习者从始至终都要牢记和谨守的品德。尤其对于一个具有悠久历史传承的门派而言更是如此，否则就会对健康传递产生破坏性影响。所以，本书的第一章"正教"实则说的就是尊师。正者，即真正之义；教者，即道统之谓。真正的道统到底是什么呢？我用了九篇文章做以交代，相信大家看过之后，将不会停留在对太极原有的有限认识上。九篇文章，九个精彩。

太极拳若从外表上来看就是运动，可太极拳真的仅仅是运动吗？绝然不是的。正所谓，太极拳乃大道，非小术也。所以，学练太极拳不能与道相悖，如果背道而驰，必将适得其反。而如何学练才不会背道而驰？本书的第二章"合道"就是对这一方面的阐述。

太极拳发展到今天，肯定与过去有了很多的不同，但到底不同在哪里，甚至所谓的"失传"，失传的到底是什么？我想，这应该也是大家都很感兴趣、很想知道的。这个答案就在第三章"真宗"当中。

现在有很多太极拳的习练者练拳虽有方法，可不懂拳理；知拳理者，又不得其法。前者好似会驾驶汽车，但驾驶的方法大多不合其理；后者好似明白驾驶的原理，但汽车自身有这样或那样的问题。那么，通过阅读第四章、第五章交代的拳理、练法是能够帮助大家解决这些问题的。

至于后面的四章都是什么？我想，将悬念留给大家比我这么唠唠叨叨更好。总之，这是一本与大家以往所看到的太极拳类书籍有着很多不同的内容及感受的书籍。而且，不同层次、不同目的的人肯定都会从不同的章节中找到自己想要的。这也是本书作为工具书性质的一大特色。

由于时间仓促，水平有限，所以书中的缺点和错误在所难免，在此欢迎大家对不足之处批评指正。另外，欢迎大家扫描书中的学习平台二维码观看太极拳、功的视频学习课程，以期通过文字与视频的动静结合来帮助大家学习、练习，进而提升、受益。

注：这套系列丛书在编撰、整理的过程中，我的学生邓肇翼、杨新春等给予了很大的帮助，对于这套系列丛书能与众多太极拳习练者见面功莫大焉，李在勇等学员对书籍内容编排等也提出了宝贵建议，在此一并致谢！

# 目 录

**第五章 武学练法纵千万 太极内练阴阳转**

【得法】………………………………………………（1）

一、象形取意法为先 不明就理怎练拳…………………（2）

二、拳法须重形与意 内外相合乃太极…………………（6）

三、意气君来骨肉臣 须明先后次第身…………………（14）

四、太极开胯落为先 开合带转弧下弦…………………（17）

五、肩开好似藕荷断 藕断背活丝还连…………………（22）

六、练拳伤膝有因由 分析症结治根究…………………（24）

七、学练太极许多年 受制平庸因哪般…………………（28）

八、若欲换劲根为始 进阶有序按次第…………………（31）

九、悟练基本增功力 不得要领谈何易…………………（34）

十、传统太极练心身 神气意形俱归真…………………（38）

十一、既然练拳学太极 就得练劲不练力………………（44）

十二、学练太极慢与松 抽丝剥茧一层层………………（46）

十三、腰松桩架仿生息 不走弯路六必知………………（48）

十四、体要松来气要固　神凝心静合法度…………（ 50 ）

十五、弃多求少益求精　外物不扰心自清…………（ 53 ）

十六、练拳似摸水中鱼　拿腰带胯步轻移…………（ 56 ）

十七、眼藏神来精在耳　前看一寸后听三…………（ 59 ）

十八、练得只剩俩脚掌　足下生根周身畅…………（ 61 ）

十九、松腰落胯气贴背　虚实分清轻重明…………（ 64 ）

二十、降龙伏虎须手段　内外体用要知全…………（ 67 ）

二十一、松软练活九曲珠　以腰为轴要突出………（ 69 ）

二十二、无形有意皆是假　明晓中字方为真………（ 72 ）

二十三、古传功诀多仿形　起如挑担行槐虫………（ 75 ）

## 第六章　妙笔生花太极文　字字千金启迪心

【叩心】……………………………………………（ 77 ）

一、人身难得今已得　太极难闻今已闻…………（ 78 ）

二、堪怜雨露生成力　借得乾坤造化机…………（ 81 ）

三、太极与禅见恨晚　性命双修尤相怜…………（ 85 ）

四、禅茶一味若可许　胜却禅茶万千般…………（ 91 ）

五、人生真谛素与简　太极有味是清欢…………（ 96 ）

六、两壶龙井一壶真　焚香品茗须用心…………（100）

七、有茶有道有清静　无花无酒无俗心…………（103）

八、人生哪能多如意　万事只求半称心…………（106）

九、乱花渐欲迷人眼　一腔正气在人间…………（108）

十、招法易学人皆会　心法难得似棒喝……………（111）

## 第七章　太极诸家秘诀传　句句珠玑术灵验

【练术】…………………………………………（113）

一、以身使手真妙诀　纛旗寓腰法无缺……………（114）

二、前人心得细推敲　登堂入室功夫高……………（118）

三、松沉提举骨肉离　体气神练现奇迹……………（122）

四、由松到动至不动　练拳渐至内不空……………（125）

五、太极有手不用手　平日练拳手怎走……………（128）

六、开展紧凑渐完善　拳法载道真修炼……………（131）

七、太极本是先天拳　对可如斯错不然……………（133）

八、且听真传一句话　莫信假传万言空……………（137）

九、以心行气气运身　欲打先养方为真……………（139）

十、练拳不懂养中秘　百炼千锤功不长……………（142）

十一、骨肉分离别有奇　脊柱行拳勿迟疑……………（148）

十二、松紧紧松勿过正　松紧适中乃真功……………（153）

十三、松静空连匀合圆　歌诀引领练好拳……………（156）

十四、按照十则心法做　练拳提升不会错……………（160）

## 第八章　李氏太极杨氏传　追根溯源话老拳

【古秘】…………………………………………（163）

一、道破千年玄秘旨　奥妙全在功法里……（164）

二、八五内功怎练成　开关展窍讲分明………………（169）

三、中正安舒神贯顶　尾闾长强两不同………………（174）

四、拿住丹田练内功　杨八五拳展雄风………………（177）

五、杨八五拳之起势　理法术技见功夫………………（180）

六、一横一竖有玄机　横竖长短不相齐………………（183）

七、气是添年药一枚　挂在灵山号紫薇………………（186）

八、会施金钩真妙法　太极何处不阴阳………………（189）

## 第九章　顶天立地真妙法　宇内无双独一家

【桩功】………………………………………………（193）

一、起手筑基有次第　练法循序渐知奇………………（194）

二、世间唯一无二法　去掉俗力生整力………………（201）

三、欲得站桩桩真髓　须从无极桩功始………………（204）

四、浑圆桩法有何奇　三维六面力无疑………………（209）

五、呼吸鼓荡开合法　收放缩张意气拔………………（214）

六、从桩入拳是进阶　拳不离桩是根本………………（217）

七、展眉开慧佛心笑　西山悬磬真奥妙………………（220）

八、四梢八法功架秘　定势桩功道门传………………（224）

**后记**………………………………………………………（228）

# 第五章

## 武学练法纵千万　太极内练阴阳转
【得法】

# 一

## 象形取意法为先　不明就理怎练拳

冯老曾说："太极无法，一动即法。"这话冷不丁让人听着如坠云里雾中，不明所以。他说的意思实际和其他武术所谓的"法无定法，势无常势"差不多，但是还有区别。前者说的是心法，后者说的是技法，只是道理是相通的，这叫"理同而事不同"。

为什么说太极无法呢？因为太极就是一阴一阳。《黄帝内经·素问·天元纪大论》篇中说："故物生谓之化，物极谓之变，阴阳不测谓之神，神用无方谓之圣。"所以，"太极无法"说的就是太极拳的使用不是固定不变的，而是舍己从人、随曲就伸的。提到这个，是为了便于说说冯老先生告诉我的关于练拳练功的时候是怎么"用意"的。

我们练太极拳常说"用意不用力"。意来自哪儿呢？来自心。"心者，君主之官也，神明出焉。"这也是《黄帝内经》里说的。所以心意具有"阴阳不测，神用无方"的妙用。看到这里，你是不是能够感觉到咱们中华民族的文化底蕴有多么浑厚。老祖宗们在这块沃土上辛勤劳作，给子孙后代留下了广袤的文化遗产。可到了今天，人们对于它的认知还不如对外来文化的了解，令人遗憾，令人长叹！

冯老对我讲："练太极'用意不用力'的要求是必须的。但'用意'不及则力度不够，效果不显；而'用意'过了则力度过重，过犹不及。真正的太极功夫不好练成，其中就有这个'用意'火候掌握不对、拿捏不准的原因。意发自心。心中之精

（神）中正，则意也必中正。所以想在练拳当中用好这个意，就得先让'心精'得中，而后'精意'潜施于螺旋、缠丝当中，自可得太极之内劲的生与成。"

陈鑫先生称这种练法练的是"中和之气"。因其处于中，故可随时应对外界的变化，因敌变化而变化，无定法、无端向，是谓"阴阳不测，神用无方"。这样练下去，拳打千遍，离"其理自现"必是不远了。

我那个时候年轻气盛，到了北京城，只知道天坛公园非常有名，里面有不少练武术的，别的也不喜欢，就满园子地乱蹿，打听、寻觅哪儿有练太极拳的。现在回头想想，学一技还真得有那种痴迷劲儿不可！

在天坛公园我倒是还真碰到一位练太极拳的老前辈，他叫肖庆林。老先生个儿不高，身材敦实，也是陈发科先生的弟子，当时被一帮徒弟围在那儿讲拳。这位肖先生和冯先生讲的又有所不同，不那么抽象，更便于理解。其实，这也正常。人不常说"龙生九子，子子不同"嘛。

我是个生面孔，站久了就难免引人注目。当时，肖先生的一个徒弟就问我是练什么的。我说我练的也是陈式太极拳，但是是陈家沟的。肖先生看了看我，问我师父是哪位。马先生当时还没有现在的名声大，他当然不知道了。他徒弟当中有好事儿的撺掇我走几下，我当时看到肖先生瞪了徒弟一眼。

武术界有武术界的规矩，而且规矩还很多，但大致目的都是尊重对方或避免不愉快的事情发生。譬如，师父领着徒弟练功，甭管您瞧上眼儿还是瞧不上眼儿，只看不说为佳。而且能远观就尽量别往跟前凑。为啥？因为那是人家的拳场子。

按照现在的人来看，这不就是交流学习嘛！能有什么？可是这样还真不行。因为当师父的若输个一手半手的，这脸面基本就没了。人要脸，树要皮嘛！踩着别人登高亮相的事儿最是缺德。

凡是跟着师父正儿八经学过来的，都知道这个规矩，都明白"山外有山，人外有人"的道理，说不准谁会点什么绝活或者有什么背景。所以，避之还唯恐不及，岂能没事找事呢！

那时候我年轻艺浅，练得又能好到哪儿去呢？但是肖先生特别懂规矩、注意武德，他坐在那里颇有耐心地从头看到尾，然后说了句："是陈家沟的拳。教你的老师也是个明白人。"

肖先生旁边站着的徒弟听到他说"是陈家沟的拳"，一下子就来了兴趣，有徒弟就问肖先生："师父，他这陈式拳怎么和咱们的不太一样呢？"

肖先生瞄了说话的徒弟一眼就问："哪儿不一样？""他很多式子出去的脚和咱练的不一样。"肖先生听徒弟这么一说还乐了，随即不紧不慢地说了一句："知道岳飞怎么破了金兀术的'拐子马'吗？"说完站起身来拍了拍衣服，迤迤然朝着天坛公园西门外家里的方向缓缓而去。

当时我感觉这位肖先生可真是奇怪，有点儿故弄玄虚的感觉，直至若干年后，我才明白肖先生当时的意思和良苦用心。

我们都知道有句成语叫作"象形取意"，肖先生说的话正是如此。

怎么讲呢？比如练习太极拳，"拿脚迈步"要求轻拿轻放，只有这样，劲在脚上，拿、放才能含而不露、蓄而不发，才能练出说拿就拿、想落即落的功夫来。养成习惯，习惯成了自然，才能在对敌应急的时候有进退有据、收发有度的人体本能反应。可是这个"轻拿轻放"怎么练呢？很抽象，火候很难掌握。这个时候，有经验的老师就会说这么一句话："迈步如猫行啊！"当徒弟的一听，再联想到猫走路时的样子，就明白应该怎么做了。如此，想不进步都难！这是会教的师父教想教的徒弟，否则，那层窗户纸虽然并不厚，但是在伸手不见五指的"黑夜"，你就瞎捅去吧！

太极拳是一门极为高深的学问，这门学问随时随地折射着先人们的智慧，汲取着中国传统文化沃土中的养分。现在的人们常把"没文化，真可怕"当作口头禅，其实不然。我们习练太极拳之人如果不认识到太极拳文化的重要性，不受到太极拳文化的熏陶，那么，也是相当可怕。所以让我深为忧心的是，一个越来越缺失自身文化的太极拳，它的内涵将何以体现，它明天的路将通向何方？！

# 二

## 拳法须重形与意　内外相合乃太极

在我国喜欢传统武术的人不在少数。究其原因，想必是因为骨子里的那份民族情结吧！可纵观练习传统武术的人，大多练此家而不知彼家，致使形成只有自己学的拳才是最好的拳的偏见。这种情结实不可取。

譬如学太极拳者，认为太极拳最高最好；学形意拳者，认为形意拳最好最棒。此种现象由来已久，蔚然成风，不仅有失偏颇，更限制了各家拳术发展的空间。正所谓，他山之石可攻此山之玉。形意、太极互为石与玉也。要知：形意者，即太极也；太极者，亦形意也。

若有其形而无其意，练的即非形意；若有其意而无其形，练的亦非形意。而形者在外为阳，意者在内为阴，形与意不相偏者，即阴阳合一，乃太极也。太极者，亦不可须臾离乎形之与意。故太极者，即形意合一，亦为形意也。

一代形意拳大师郭云深先生在《解说形意拳经》中有言："形意拳有三层道理，三步功夫，三种练法。

"三层道理：一练精化气，二练气化神，三练神还虚。练之以变化人之气质，复其本然之真也。

"三步功夫：一易骨……二易筋……三洗髓……练之以清虚其内，以轻松其体，内中清虚之象神气运用圆活无滞。身体动转其轻如羽（拳经云：三回九转是一式，即此意也）。

"三种练法：一明劲……二暗劲……三化劲……练之周身四

肢动转起落进退皆不可着力，专以神意运用之。虽是神意运用，唯形势规矩仍如前二种不可改移，虽然周身运用不着力，亦不能全不着力，总在神意之贯通耳。拳经云：三回九转是一式，亦即此意义也。"

以上所述既是至理，也是实际，与太极拳的习练是极为吻合的。三层道理实际说的就是内功，就是我们内在的变化。很多人应该都听过，练拳不练功，到老一场空。事实的确是这样。很多人拳练得好看，但是练到老也没有真功夫，原因就在于其练法根本不符合内功的原理。

三层道理也可以叫作三层原理，它揭示了形意拳三步功夫和三种练法所要达到的效果和目的，而这也正是正确的习练太极拳所要做到的。那具体怎么做呢？下面我就告诉大家这些问题的答案。

练太极拳首先要在形上求其体正，这是对的。但这种体正在形上具体怎么做，是架子有多低、姿势有多美吗？绝对不是。郭云深先生说："练之总以规矩不可易，身体动转要和顺而不可乖戾，手足起落要整齐而不可散乱。拳经云：方者以正其中，即此意也。"

这里就给大家开示练拳要遵循的一个总的规矩：动的时候要一派和气顺遂，不可人为刻意地努气较力。手和脚的一起一落要上下相随，要做到一动无有不动，一静无有不静。从中求的是一个整字。

此犹如人之初学写字，一笔一画须如剑刻刀砍，不期圆润，但求工整。如此做去，方可逐渐改变人的原有习惯而合拳术之要求。原有的习惯在拳术家看来或是偏阴，或是偏阳，有失中正之气象。故须通过如此作为以复其中正。

郭云深先生又说："练之神气要舒展而不可拘，运用圆通活泼而不可滞。拳经云：圆者以应其外，即此意也。"

在形上按照规矩去做乃为练法的第一种，因其形于外、致于表，故形意拳家称其为明。此种形式之下而自然形成的劲就被称为明劲。

第一种练法做到之后，就要再做上述的第二种练法，圆者以应其外。此种练法犹如写字，在已达到整齐划一的前提下，练习日久，不动则已，一动即自然合乎下笔之规矩，是谓熟练。

因熟能生巧，故渐可余心于精神上的专注度，如字体脱离初始于形上的规矩要求而入于神气上的规矩要求。此步练法以精神意气为主，动作的开合起落以此为主宰，如此可渐至动作的圆融无碍，活泼如意，也就是达到太极拳家所谓的"磨棱去角"。亦是《十三势行功歌》中所说的"意气君来骨肉臣"。

因练至第二种练法乃纯以内在主宰外在，是不着于形的内里作用，犹如暗度陈仓之功。故在这种作用下所形成的劲，称为暗劲。但是，经过此两种练法锤炼之后还不算完，尚有第三种练法，谓之化劲。

郭云深先生再说："练之周身四肢动转起落进退皆不可着力，专以神意运用之。虽是神意运用，唯形势规矩仍如前二种不可改移，虽然周身运用不着力，亦不能全不着力，总在神意之贯通耳。拳经云：三回九转是一式，亦即此意义也。"

化者，华也。华者，升华也。此种练法一如此前明、暗两个阶段所形成的变化，不要去改变它，而只是仍然以不出凝神、用意、行气之范畴为主导，且较之此前用力越小越好。久久练去，待小到无有时，最终将后天力气之残渣剩滓化为乌有，乃为真正成功。于此时，一切招式皆归为一式，一式又可随机而化出千招万式，与太极生万物、万物归太极是一样的道理。

此三种练法于太极拳家而言称为着熟、懂劲、神明三阶三层。三种练法是依次拾阶而上的具体方法，三阶三层是三种练法下的逐步效应。

因此，并非练拳姿势好看、架子低是错的，而是这样情势下的习拳者是否有如上的意识，并且动作中有无偏颇失中之感，意气的作用在练拳当中到底处于什么程度，都意味着练得对还是不对，能否练出内在的功夫。一般的太极拳习练者是根本做不到这些的。

原因一，大家不知什么叫作明劲，也不知明劲阶段到底要怎么去练，只是按照动作依葫芦画瓢，手放哪儿，脚要抬得多高等，浑然不知其中要特别注意"和顺整齐"四字。而欲要做到此四字的要求与效果，非要先做到沉气不可，而欲沉气非从桩功入手不可。这个桩在太极的练法体系里为无极桩，在形意的练法体系里为三体式。无论何者，皆以能做到顺遂沉稳、中正安舒为最终目标。

原因二，不知神气为何物，每日练拳将精神意识都外置于表皮之上，犹如重视涂脂抹粉的外表美，而不思清秀深邃的内在美的道理一样。待得夜幕落下，洗尽胭脂露俗颜，表面荣光的背后是唯有自己知道的苦堪。间或更让人感到悲哀的是，不仅不以此为殇，反而为虚名窃喜。世事如此，练拳又何尝不是！

太极拳的练法亦同形意拳之三种练法的道理、方向、目的一样，唯方法不同。俗谚："条条大路通罗马。"只要按照三种练法就会得到相应的三种效应，这三种效应被形意拳家称为三步功夫：易骨、易筋、易髓。

对于这三步功夫的具体讲述，郭云深先生说："丹道有三易：练精化气，练气化神，练神还虚。形意拳术亦有三易：易骨、易筋、洗髓。三易即拳中明劲、暗劲、化劲也。"

从其阐述的意思可知，易者，变易，变化是也。意即人体内里是要有变化，是会有变化的。不如此，就不是拳术与其他运动的根本区别所在。这就是我们要说的拳术内功之法。现简述如下。

易骨者，郭云深先生说："练之以筑其基，以壮其体，骨体坚如铁石，而形势气质威严壮似泰山。"这是对骨密度变化的效应说明，为第一种练法阶段的对应效果。

易筋者，郭云深先生说："练之以腾其膜，以长其筋，俗云筋长力大。其劲纵横联络，生长而无穷也。"这是对筋膜变化的效应说明，为第二种练法阶段的效果。

洗髓者，郭云深先生说："练之以清虚其内、以轻松其体，内中清虚之象神气运用圆活无滞。身体动转其轻如羽（拳经云：三回九转是一式，即此意也）。"这是对神气变化的效应说明，为第三种练法阶段的效果。

因此，太极拳"由着熟而渐悟懂劲，由懂劲而阶及神明"的三层功夫也非有如此之内里变化而不可。然，练太极拳若像公园、广场、竞赛那般模样是绝无可能做到的。

此中练法都是愈加向着内里去做，由外达内，返璞归真是也。彼之所练是花枝招展，精神意识不断散乱于外是也。二者完全是背道而驰、各奔东西之举。说到具体实处，练太极拳必须要按照拳术的要求来变化周身骨架的原有姿态，并在练拳时自始至终保持此姿态。

此姿态的变化也犹如将原来好似有棱角的几何图形变为圆形、球形，此时，周身筋骨肉皮的状态也随之而变。其后用心专注于其中的动静开合，在这种形体下的动静开合中兼顾松、慢、静、匀、顺、圆、整的要求事项。然后，神气之作用才能似给皮球充气一般，使周身意气鼓荡，看似外表行拳，实则是内里行神、行意、行气是也。

气血之作用循环不已，筋、骨、膜则必随之而变易，久而久之，易骨、易筋、易髓也不在话下。在此过程之中，无论是他人观摩，还是自我感知，皆是似松非松，不松亦松。习练者不曾刻意用力外张，却使人可感掤劲无处不在，松紧适中、开合适度，合乎中庸之道，一气之理。

中国的拳术跟外国的拳击、搏击不一样的根本之处也在于此。而这种不一样还体现在中国的拳术皆是先练竖劲，再练横劲。这种劲的形成源于神、意、气在习练者体内的作用。而外国的拳术不是这么练的，他们认识不到内在的原理。形意拳的习练者皆知五行拳以横拳为母拳，实际上，这个横拳不是外形的横向之义，而是先练上下的这个竖劲，有了竖劲再练横劲。

横者，一也！一横着看是一，竖着看则是丨。无极包罗万象，太极由中而生。无极生太极即由这个一而来。古人说，一元肇始，万象更新。说的都是这个一，一即横，横即一。拳术以宇宙生化的真理作为练习的原理圭臬，故横拳为形意拳、五行拳的母拳，实则包括了竖劲和横劲，这在李存义的拳论中说得已够明白。太极拳练的也是这么回事。

太极拳竖劲的形成也是由形、神、意、气的共同作用而来的。其法是先通过松到脚下而让气在下肢通顺。气通、气顺，人自然就有力，反之人就无力。劲力的形成就是这么个道理。李存义和许占鳌两位形意拳大家在此事上说的是最清楚不过的了。

当气在上下的通顺中达到了一定的量，或者说足够的粗度，加之习练之法在阳面的功架作用，这个气以及由气所形成的劲就会横向发展，即横劲生成。因为太极拳比较注重圆形、环形、弧形，甚至是球形，所以这种横向的气和劲就会给习练者以气圈感。这是从竖劲练出来的，可很多人却想直接在横向上找气圈，这叫本末倒置，是不可能练出来的。

练能打人的劲，除了气是形成这种劲的因素之一，还要有筋、骨、膜的作用。在筋的方面，上下肢都有里裹外撑的练法。这种里裹外撑以浑圆桩为例，不是两个手臂既有往里抱又有往外撑就是所谓的里裹外撑，那样根本就练不出来真正的劲，顶天儿属于养的范畴。真正的里裹外撑说的是上臂往里裹，前臂向外翻，是两个相反的矛盾力。

在骨的方面，一个是练骨力，另一个是练关节的开展角以及关节囊周围的韧带。这都是有专门的练法的，通过关节的练习才能让周身的所有骨头构建成一个立体的功架，才能撞而不散。在过去有被人打出去，功架还要保持原来模样的说法，实际就是撞而不散的体现。骨头是死的，关节是活的，用活的关节把死的骨头都给连上，连的还要恰到好处、恰如其分，叫作接骨斗榫。这已经不是养生的范畴了，养生也不需要这么高的要求。

　　练太极拳在过去不叫练太极拳，太极门称练拳为盘架子，或行功走架，这在古谱里都是有明确的文字记载的。可能你会觉得这不都是一回事吗？无非是叫法不同而已。还真就不是！盘架子是易筋、易骨、易髓。武禹襄先生曾说敛气入骨。实则是腾膜的练法，要配合独有的呼吸法、意念、气道才行。

　　以上所说，在"内功四经"中的《内功经》里都有所涉及，但里面没有具体练法，只是说了个大概。提到它是告诉大家，这些都是古传古法，由来已久，是有文字记载的。练中国的功夫想能形成打的劲力，只能按照这些原理和方法来练，否则将打不了或者打的不是那么回事、那个效果。古人在历史大背景下已经把练法、打法研究得登峰造极，今人只有按图索骥地去练，于练中去印证才行。说真的，如今的太极拳练法已经远远脱离了过去的练法。

　　太极拳的每一个招式实际上都是非常有讲究的。譬如出手的高度、角度、位置，变化的节奏，变点的所在，身法、步法的搭配等，都是前人从实战中总结出来的，乱改是不行的。过去的拳都是我不要你命，你就得要我命的搏命吃饭的意识，所以出手都是往要害处打。因此，在太极拳的古谱里有记载："上打咽喉下打阴，中间两肋并当心。下部两廉合两膝，脑后一掌要真魂。"所以，很多招式的出手都是无人之时似有人，专门假想着往这些部位打，久而久之，动手的时候习惯成自然，出手就是攻击这些要害处。

　　太极拳基于太极阴阳的原理而指导练法，所以它比较注重刚柔、收放、化发这类阴阳并重的习惯，有不化不发的说法。所以，练拳的时候其攻防意识都是收的动作，要假想对方的攻击来了时自己怎么化，所以动作招式就不能走得无的放矢。而它又要求化发的转换要没有间隙，也就是既不能让对方把力作用到我的身上，而我又能在反击的时候应手且作用到对方的身上。所以就又有了粘黏连随这么个要求。

这是为了不让对方跑，因为如果对方跑出了打击的范围，有了距离，也就打不到对方了。另外，只有在不离开彼此接触的情况下，才能通过灵敏的听劲（实际就是身体的高度触感）感知判断对方力的形成情况，然后在引进落空达到合乎反击的时候再出手，即拳谱里说的"引进落空合即出"。太极拳一般是不讲求硬打硬进的。李氏太极拳算是一个例外，但也不是一味地硬打硬进，里面仍然要遵循太极的原理才行。我们这一派的打法和杨班侯的打法应该是一致的。

习拳日久，内里开智增慧，外表敦厚坦诚；内里敢为人先，外表待人和煦。此皆自然而然，不加一丝一毫人为做作，乃格物致知之境地，修身齐家治国平天下之能为。不如此，练的就不是真正的太极拳。真正的太极拳按照规矩做来，确可如此这般。

拳术之道乃修行之法。修行之道不分男女老幼、高矮胖瘦、先来后到之说。自古，修道有先后，得道无尊卑。人人可修，个个可证。唯须先立其心，而后方有证道之可能。其心不坚，遇到挫折未有不退之理，如此焉能有成！诚如佛法所云：勇猛精进。愿诸位能立志习练正确的太极拳招式。无论年龄老少，生活艰顺。道不择人，全看人之本心。修一分得一分，修十分得十分。由微及著，积少成多！

## 三

## 意气君来骨肉臣　须明先后次第身

在太极拳文献当中，有一句"意气君来骨肉臣"的经典之语，可见意气在练习太极拳当中的重要性。但它讲的到底是什么，以及在练拳中具体怎么做呢？

我们每一个人开始学习太极拳的时候，都是从形体上按照它的要领要求来练的。这就让我们感觉很是矛盾或不解，重要的"意气君来"跑哪里去了？如果没有"意气君来"，那我们练习太极拳的方法是不是就是错的呀？其实在开始这一阶段并不是错的。

这句歌诀在很多人的解释中为练拳要以意气为主，骨肉为辅。我不说这是错的，但是从初学初练以及练不得法的习练者的角度而言就值得商榷了。因为在这种情况下，形体（桩和拳架）都没有达到标准就谈及"意气君来"是肯定不行的。如果对"骨肉"这个形体范畴的重要性不予认同的话，那么，我们很多习练者练拳架、站桩还有什么意义呢？直接练意气就可以了？这样当然是不行的。拭目任何一位太极拳大家端正工整的功架，是绝不可忽略"骨肉"的。

其实在一开始的时候，我们的意啊、气啊，因为没有经过一个锤炼、强化的过程，它就好似一个小皇帝般地弱小。你想啊，你让这么小的君主给你管理身体这个国家，怎么可能管理得好呢？所以就必须要有辅佐的大臣，而这个辅佐大臣就是"骨肉"之形、拳架之体。通过这个辅佐大臣日以继夜地勤恳工作（习练），意气这个小皇帝才能茁壮成长。成长起来后才能成为英明的君主来管理身体这个国家。这就是练习太极拳初始的正确次序——以外带内。所以，开始必须要重视拳的功架。

而在进入"意气"这个君主治理国家的阶段，仍然需要"骨肉"（拳架）这个臣具体地去做事，这就叫作以内主外。这种合理性、有序性是非常科学的。因此，那种一开始就说什么用意、用气的练法千万别信。如果有这么直接去练的，完全可以感受得到结果和效果到底如何。但开始的练形也不意味拳里面就没有意气的成分，这又怎么讲呢？

我们都知道，没有意识的支配是不可能自发地形成各种拳势的，没有松的前提下的拳势是不可能有气的感受的。而松是在意识的作用下产生的，因此在练拳架、桩功的时候，变相地也就有了意气的作用。所以外面能看到的是有形的架子，内里看不到的是却无形的意气作用。而形成这种效果的前提又必须是在桩功和拳架子合理动静开合之下。

在形体带动意气强化之后有个很奇妙的感受，就是人体外在的形会依据体内的气劲的舒适与否而形成动静知止的效果。这个过程使得我们的意气随时都得保持着与形体的密切联系，这种联系也让我们的意气能够充分、细腻地贯注于练拳当中，从而才会知道什么叫作拳意上身、拳意上手，练拳才别有一番滋味。

所以说，"意气君来骨肉臣"。对于我们初学者以及久练无成者而言，一定要明白其先后的次序，千万不要轻信什么太极拳要以"意气"为主，以及总是认为太极拳就得以"意气"为主，否则练的就不是那个玩意儿，就突显不出它的与众不同，然后练拳时就会忽略了功架的重要性。

通过这篇文章，我想大家应该明白了这么一件事：不是"意气"不存在，重要的是它和骨肉的本末关系到底是什么。只有弄清楚了先后的次序才能知道为什么要先练体，为什么要在体上严格地去做，而后才能真正地涉及到"意气"。我们应该都能认识到，如果"骨肉"这个臣子都做得不好、不对，那么在开始的时候，"意气"这个小皇帝又怎么能够茁壮成长，进而对身体这个国家产生行之有效的作用呢？所以，为了练好太极拳，为了通过太极拳使我们的身体受益，开始习练的时候一定要先把"骨肉"之臣做好，然后才能实现"意气"之君的真正效应。

## 四

## 太极开胯落为先　开合带转弧下弦

过去老话讲得好："宁传十手，不传一胯。"不是胯有多神秘，而是胯对练好太极拳、练出太极功夫相当的重要。

过去的人教拳不像现在这么泛滥，会打个拳就能当师傅、就敢当师傅。在过去，一个人想收徒弟那得先经过自己师父的同意，行话叫作"开门儿"。门儿开了，就相当于营业了，五湖四海、三教九流，什么样的人都有可能"登门拜访"。所以得有守门户的玩意儿，免得把场面搞砸了。

外面的门户是面子，里面的门户是里子，面子得有里子衬着才行，里子较之面子更加实际。面子可以花哨一些，那玩意儿能吓唬人，但实际上是死的，打不了人。拳作为里子可以不吓人，但必须能打人，因为你练的就是这么个玩意儿。拳术和琴棋书画能一样吗？大家见面你摸我一下，我捶你一下？也不是那么回事！

提到门户这个里子，就如过去大家大户的宅子一样，可分三进，一进为脚，二进为胯，三进为手。正门正户都在宅子的中轴上，是对开的。所以，三进者必双也。脚之于门户为步法，有忽隐忽现、鬼神不测之能；胯之于门户为定法，有制胜于中间、未发宜含而不露之规；手之于门户为演法，有来往莫教空翻、随处可化可打之妙。

过去讲，师徒如父子，这话一点不假。现在是传滥了，已经凸显不出师徒不是父子却胜似父子的那份情义了！师父给不了徒弟金山银山，但是能给徒弟开门立户的能耐。没那能耐，给多少败家多少；有了这能耐，光大门楣也不在话下。所以，好东西不是不传，而是不轻传——不是徒弟不传、不到火候不传。虽然时代不同了，但能说的还是要说一说的，今天我就说一下大家都很感兴趣的"胯"。

我看现在有些人在教开胯。按照武行的规矩，各家有各家的练法，咱也不好说什么。但我可以肯定地说，太极门里胯的练法，绝对不是现在市面上那样的练法。而说到开胯，就得说一下到底什么是胯，因为很多人连哪里是胯都没有搞清楚，那怎么能练到胯、练对胯呢？

腰以下的整个骨结构叫作骨盆。其中的髋骨就是我们老百姓平常以为的胯。在现实生活中，有些人穿裤子总是爱往下掉，我们俗称"没有胯"，这也意味着我们很容易把髋骨当作胯来练。其实，这在拳术的概念当中是非常错误的认识与说法。

髋骨属于扁骨，是一块不能动也不许动的骨头，因为它是骨盆固定结构的重要组成。骨盆上起于腹部，下接于腿骨，起支撑体重和保护腹腔当中的脏腑以及泌尿系统、生殖系统、循环系统等作用。所以，髋骨作为身体的重要组成是不能动的，或者更为准确地说是不可能开的，除非这个人活够了。

拳术中所谓的胯，其实指的是胯关节，也就是我们俗称的大转子、股骨头。这个地方是活的，具有屈伸、收展、旋转的三轴功能，而这恰恰就是太极拳应用当中的关键。我可以非常负责任地说，胯在太极拳当中根本就不是用来发力的，真正的发力效果是通过整体的人体力学结构来实现的，胯只是这个结构的一个组成部分而已。当然，它在这个结构中的作用是非常重要的。

通过生理解剖学我们可知，胯和脊椎是有韧带连接的，所以练拳的时候若想活胯、开胯，非在脊椎上变化不可，这个变化就是所谓的背弓。背弓的形成与含胸拔背及松腰密不可分。可叹现代人把太极拳当成了长拳、体操去练,脊椎不仅没成 ")"形,还愈演愈烈地变成了"丨"形,美其名曰:立身中正。以致练太极拳所必需的一个功架结构都不存在了,进而练胯也就没有了更实质的意义。了解了胯的结构之后,我们再说一说怎么开胯。

太极拳的开胯之法得先要做到落胯。就好像要做菜得先把菜放到锅里才行,练拳有落胯这么个要求也是同理。胯的落和腰是有着直接关系的——松腰则胯落。松腰是因,胯落是果。所以,古人在拳谱里说腰不说胯,既有腰胯相互关联、不可分割的原因,也有只要腰松了,胯自然也就跟着落了的原因。

正常而言,腰松必然会带动胯落,可很多人因为胯是挺着的,所以造成了腰虽然松了,可胯还是落不下去,也就无法活胯、开胯。正确的练法是在松腰的同时掖胯。也就是说,腰一松,顺着大腿内侧的腹股沟稍稍那么往里一收、一坠。这个时候胯就能落下去了,就可以感觉到腰胯轻松了。

很多人总是认为,胯向外翻动旋转才是开,实际上,反之也是开,这就和门无论是向里还是向外都是开的道理一样,胯无论是向外还是向里都可以称之为开。再结合太极拳的阴阳之理,我们可以惊奇地发现,当实腿承重的时候,实腿一侧的胯是内掖(开)的,虚腿一侧的胯则是自然外展(开)的。而且,随着每一个式子的虚实变化,每侧胯的这种正反、阴阳也是循环往复交替的,自然就做到了开胯的效果。

另外,两胯的虚实转换随着每一招式动作的转换,仍然要通过松沉来完成,呈现出裆走下弧。太极拳就是通过两个胯之间的这个圆裆进而实现圆活顺遂的变转的。这么练是解决练拳时胯死、胯僵的最佳办法。

这种习练的要领要求在古传秘法里也叫作"荡胯",要在"慢、松、匀、轻、圆、顺、稳"的要领当中去实现。这样的运动性质要求加大了胯的打开强度。同时，越是轻松、匀慢，筋就越容易被抻拉拔长，反之，筋就会较劲回缩，那么胯就没法开、没法活了。

练太极，拳里拳外都要遵循"够用就好"的原则。"够用就好"就是"无过不及"，"无过不及"就是做了却又不会做过头的意思。太极开胯恰似四两拨千斤的妙谛，不需要多大的幅度，只要给我们一个缝隙，能为我所用就好。拳谱上对此说得很明白："阴阳相济，方为懂劲。"

太极拳练的就是阴阳虚实之间的圆活顺遂的转换，要做到无有缝隙。所以练成的时候，一收一放那个圈特别小、特别快。转换大、路线长，作用到对方身上的时间就长，对方也就有了调整的时间，那还有什么用呢？正因为如此，所以根本就不用痛死痛活地使劲开胯。

太极拳之所以能被大家喜爱，其中一个原因就是它不折腾人，这是很多想要练出效果的其他拳术所无法具备的优势。它本就是最讲道理的拳，我们当然也没有必要用尽力气去反其道而行之。大家静下心来好好想一想，是不是这么一回事。

陈式太极拳一代大师陈鑫先生在世的时候曾说："裆开不在大小，即一丝之微亦算得开。盖心意一开，裆即开矣。腿虽岔三尺宽，不开仍然不开，是在学拳者细心参之。"所以我说：开胯，够用就好！

最后再给大家做一个总结。想在练拳中活胯，必须要能做到松腰落胯。这就好似说养气的前提是要做到沉气，气不沉到丹田里，那养的是什么呢？想松腰落胯则必须做到含胸、气沉，进而松沉到脚才行。只有这样才有骶髂关节、骶尾关节和耻骨联合的变化。

以上所说的这些变化与胯合到一起才能真正称得上练胯。只要整体结构的变化是合理的，则很多太极拳中的效果就自然达到了。所以一定要把腰、背、尾、膝与足的结构都固定好之后再进行走胯。裆走下弧是走胯正确与否的一个明显体验与体现。胯走到哪里，腰就跟到哪里，腰的变转也在哪里。腰往哪里指，胯就往哪里走。总的来说，腰胯是一体的，不是两个单独的个体。腰在人体上下、前后、左右、内外的正中处。古谱当中谈及太极拳的练法要领时之所以说腰不说胯，是因为说腰就已经包含了胯。

## 五

## 肩开好似藕荷断　藕断背活丝还连

　　胯是下盘的根，肩是上盘的根。从正常角度而言，下盘是最难松的。因为下盘要承重，本身就难免紧，所以在古传秘法当中对于胯怎么松有着相应的习练秘法。可肩这个位置处于人体的上端，又不承重，怎么很多人也松不开呢？这是一个让人很疑惑的事。

　　那么，在谈及如何松肩这个问题之前，得先弄清松肩是为了什么。松肩在体用上而言就是为了便于气的下沉，不松肩则无法含胸，不含胸就无法沉气于丹田，不气沉丹田就无法形成腹式呼吸，也就无法"拿住丹田练内功"。同时，松肩也是为了推手、散手时能够做到圆活，只有肩开背活，才能引进落空无滞点，使发落点正转成功。

　　另外，人体躯干部位的前后正中线分别是任脉和督脉的所在。这两脉属于奇经，是十二正经的总枢纽。任脉统摄一身之阴，督脉统摄一身之阳。阴为降，为雌；阳为升，为雄。所以，松肩的功效合乎任脉主降的特点。与此同时，背部要随着前面的变化略有上拔之意、势，以合乎督脉主升的特征。这种前降后升的身体变化就是太极图阴阳循环的体现。这种变化是练太极内功的一个必要基础。

　　除此之外，很多人并不知道，太极拳所谓的松肩并不只是松我们的肩关节，还包括肩胛骨。只有后背的这两块大骨头都产生了大的变化，肩才能逐渐地真正松开。

太极拳之所以特别注重外形以柔和匀称为重要条件，内里以气化力为不二法门，就是为了避免练拳过程中使用拙力。因为用力则紧，紧则无法使韧带得到更好的拉抻，进而影响开肩开背，所以才有了这些练法要求。

了解了这些之后，在练太极拳时则必须要尽其所能地保持整个肩背放松。在放松的同时要随着每一个动作的变化，用脊椎带动两肩和背部一起柔和匀缓地动。在练拳的过程当中必须要让自己的下盘保持很好的松，因为如果下盘各处是紧的，人体的上半身肯定也会跟着紧。无论是松，还是开胯、开肩，都是整体的相互作用。认识不到这一点、做不到用这一点去练拳练功，也是大家练拳总是肩胯不开的一个原因。

除了练拳时要按照这些个道理去力求做到开肩，在平时也有其他单独的开肩之法。譬如在松的前提下通过本门功法中的摇法、云法、滚法、披法进一步对其深化，都有助于开肩的速度。这种单独的开肩之法的好处就在于不像练拳时开肩还要注意下盘也得松下来。这是有着一定难度的，所以，对待开肩之法不可过于执着在练拳当中。

肩在开的过程中，肩膀缝会有丝丝拉拉的酸痛感，持续时间长短因人而异。但练得对与不对，通过肩有无这种感觉是完全可以证明的。肩开之后，和身体有一种好似脱开的感觉，可却又实实在在地挂于身体的两侧。这种感觉我们称为"藕断丝连"。特别有意思。

这个比喻非常形象。在接手的时候，手臂的接触是绝不能对身体造成干扰的。所以在化的时候，身体才能够随时保持中正安舒，也就保证了处处都在发力点上，不会干扰身体，在发放的时候又能瞬间将力传到手上，"藕断丝连"说的就是这个意思。

# 六

## 练拳伤膝有因由　分析症结治根究

我一直都说太极拳实在是好，能和太极拳结缘的人都是有福报的人。它对人无怨无悔、不贪不欠，给人以喜乐，予人以健康。它对我们的好终其一生也是没有尽头的，真的是我们最好的人生伙伴，这也是很多人喜欢太极拳的一大原因。

但能从练太极拳中受益需要一个重要的前提，那就是得练对。练得不对，反倒会导致身体出现一些问题，比如膝关节疼痛，而且这些问题在太极拳习练者当中还很普遍且很严重。那有没有办法解决呢？有！下面我就深入浅出地给大家说一说，希望能够帮助大家解决练太极拳对膝关节的副作用。

想要解决这个问题，首先要了解我们膝关节的生理结构。只有先对膝关节有了充分的认识，才能谈及怎么在练拳当中避免膝关节出现违背其生理特征的运动，以及在受伤后如何科学有效地调整修养。

在膝关节的上下方分别有以下几个重要的骨结构：上肢的股骨、下肢的胫骨和腓骨，以及关节部位的髌骨和关节软骨。

在股骨与胫骨的关节间隙内有一个非常重要的填充物叫半月板，是一种呈月牙状的纤维软骨。膝关节处的半月板有两个，分别被称为内侧半月板和外侧半月板。这个部位在练拳不当的时候最易受伤，而且伤了就很不容易好。除此之外，膝关节的疼痛还有前膝盖疼（又叫髌股关节疼）、髌腱炎、滑囊炎等。

由上大致可知，我们在练习太极拳的过程当中，不能仅仅认为出现的膝关节疼痛是由一个部位所导致而一定要区别对待，厘清病症的根由。只有找到形成结果的原因，才能谈及预防和治疗。那么，练习太极拳造成伤膝的原因又是什么呢？原因大致如下：

一是习练之前，对膝关节的热身活动不合理。我有时候去公园、广场，看到很多太极拳爱好者练拳前压腿、抻腰、摇胯，却唯独对膝关节活动得不够充分，即使活动也不得法。我建议大家通过对我们李氏古传太极拳的"太极周身行气法"和"无极桩"的学习来了解做好膝的保护措施。

二是习练之中，膝关节的运动不合理。很多人为了练拳好看，姿势就降得很低，给膝关节造成了很大的负担。在这个基础上，如果膝关节再转来扭去的，结果就可想而知了。另外，很多太极拳习练者不能够清晰辩证地看待这么一个问题：你那年龄的生理状态是否还像年轻人一样适合架子很低、步子很大地练拳？而最不应该的是，许多教太极拳的人根本就忽视了这个现实问题，不懂得因人制宜、量体裁衣，导致很多与之从学的人膝关节出现了问题。

膝关节的合理运动在医学上给出的科学建议是以屈伸为主。因为它的关节结构就是重在屈伸的，是"造物主"为了让我们平时走路、跑步、生活、工作能够顺畅便利而设计的。所以，不能因为练太极拳而左右地去扭转它，尤其是在身体重心下降、膝关节负重的情况下更不能去扭转它。这是很多人练拳过程中造成膝关节损伤的根由。

三是习练之后不懂得养膝。因为在练拳的过程当中，人体的姿势是根据拳式子的要求而呈现下降趋势的，那么在练拳结束后，就得通过合理的养护进行人体常态高度的过渡、缓冲、恢复，就好像百米快速跑完之后还要通过小跑、缓跑再慢走来实现人体生理曲线的平稳回落。所以在练拳结束之后，要自然活动一会儿再坐下。另外别马上开口说话，否则不仅伤气，还会对练拳所形成的体内气循环、血循环、水循环造成干扰，甚至破坏。循环是周身的、整体的，其中当然就会涉及对膝关节气血循环的养护作用了。所以千万不要粗心大意，以为练完拳后想怎么样就可以怎么样，和膝关节没有关系了。

其实，从练拳前的热身，以及练拳中的适度掌握，再到练拳后的养护这三个环节而言，本就应该是一个人体生理运动曲线从低向高，再从高向低，呈波浪式的弧形曲线变化的过程。整个过程是环环相扣的，处处都要体现太极的圆活、圆润之理。因为只有做到了圆活、圆润，才能让招式与招式的衔接顺畅。

练太极拳一定要重视练理不练力。松腰、落胯、屈膝当然是必须要做到的，但也要合理，不合理就会使动作变得幅度大、强度大，就成了练力。练力、用力就是自己和自己较劲，岂有不伤自己的道理！

什么都是适合自己的才好，够用就好。大家必须要知道，太极拳的练习最是讲究无过不及的。无论是练太极还是做人做事，适中是最佳的理想状态。因此，在练拳的过程中，每一个招式的动静开合也都要这么去做，练拳并不是姿势越低越好，而是越合理越好。

那么，这个适度应该以什么为衡量标准呢？应该以自己是否感觉到吃力紧张、是否气息粗重为准。气息在道家太极的古传古法里也被称为"气口儿"。练太极能掌握好"气口儿"，就能实现内外相合。能内外相合必然周身各处都是大小、高低适中、适度的。可惜，现代的太极拳发展已经把老祖宗流传下来的好东西都丢得差不多了！

另外，在拳谱里有一句非常经典，但是却很少有人宣传和重视的四个字："纵之在膝"。这个纵不是纵越、纵跳之意，而是纵向的纵。在上面说到的高度适中的基础上还要做到这个"纵"才行,这样练习太极拳就肯定不会伤膝了,百分之百不会。

具体怎么做呢?无论是什么式子,第一,你的承重腿的膝盖尖一定要和脚尖方向保持一致;第二,你的承重腿的小腿一定要和地面保持垂直。

这么做的科学性就在于,和脚尖保持在一个方向就不会出现膝关节的内扣和外掰,如此,就避免了膝关节形成的单侧承重压力所造成内或外侧半月板的损伤,小腿的垂直则可以通过粗壮有力的小腿骨作为体重的支撑,减免膝盖的过多承重。希望通过这些认识能够帮助大家避免损伤,把拳练好。

## 七

## 学练太极许多年　受制平庸因哪般

"饶君聪慧过颜闵，不遇师传莫强猜。"这句话告诉我们，有些东西说破了就是一层纸，不说破就是一重山。如果没有老师，即使我们比古代的颜回都聪明也是没有用的。因为自己的揣摩或许是对的，但是自己又无法十分的肯定，而能够肯定的却又未必是对的。这种模棱两可却想无师自通的弊端在现今社会比比皆是。所以，很多人下的是大本钱，得到的却是小回报。

因此，学习任何一门传统文化都必须要有师承。这是一个人想要深入研究、深刻体会你要学习的那门技术和文化所不可逾越的程序。好在今天的科技发展让我们的学习便利了很多。虽然这种理论性的学习了解仍然对我们的提升有所局限，但总比不知道、不了解要强很多。今天我想通过这篇文章来和大家说一说桩功中的静桩和动桩是怎么一回事。

静桩，简单地说就是站在那儿不动，如无极桩、混元桩、三体式桩等。动桩简单地说就是动起来的桩，如太极拳中的每一个式子。在过去有"太极步步都是桩"一说。

静桩不能因为一个静字，看着是不动的就认为站桩时一动都不能动，那不对。静桩必须要在静止的形态当中通过意识对一身的上下、前后、左右六个面的身架结构进行调整。调整好，练久一些，自然也就会相应地感受到内里有物。过去的老师傅管这个叫作"玩意儿"。达到这个程度后，再用意虚虚地抓住这个内里之物练灵机，就算是入进去、练对了。

由此可知，静桩外看似静，实际内里并不静。内里怎么不静呢？内里的意随时都照顾着周身，时不时地要用意识调动某处关节、某块肌肉，这靠的都是意而非力，一用力即错。这层奥妙就好像眉来眼去一般，要的就是那么个意思，如果是直勾勾地你看我、我看你，就完全没了那个妙趣。所以说，练太极拳要"用意不用力"，练理不练力。站桩不能停留在外形上，否则练不出内里的功夫来。

这种调动周身之法大致是怎么样的，下面以"三体式桩"为例来说一说。说起"三体式桩"就不得不提心意拳了。因为形意拳的桩来自心意拳。心意拳有鸡腿、龙腰、熊膀、鹰捉、虎抱头、雷音六势，练时周身暗含踩、扑、裹、束、决五诀。形意拳也在"三体式桩"上对此进行了保留。

在练法上，两脚从并步开始，一脚屈膝承重，一脚横向分开一步，然后再向前开一步半。虚虚地放在那里如踩活物一样，不能踩死也不让它跑了，这就叫作鸡腿。这样，基本的步型就算完成了。

然后，身子向实脚一侧转动45°，叫作龙腰。最关键的就是用虚腿侧的肩找实腿侧的胯的那一下，这样形成的上身姿态就叫作熊膀。同时头顶项领，眼要顺着虚腿侧的肩看出去，这叫作虎抱头。两手手型和两手之间的距离也有讲究，要前后手合住，叫作鹰捉。雷声则是身体里的奥妙，不能说，一说即错。

胯要有掖的那么一下，称为裹诀，这样胯就有个内扣外展，使臀部形成落坐之势，身子随之而有略微的前倾，叫作扑诀。随后身体要向里合，要有里裹外翻的意思，叫作束字诀。决则是丹田的东西。结束后站住了即可。

这里所说的技术要领在一身周整、没有抽扯之形的前提下用的都是意字。只有通过感知和调整身体变化后由整理出来的那个东西被意抓住并利用才是练的内家，才能练出内家的功夫。太极拳的静桩也是一样的情况。

练习动桩则是指形体的动，分为活桩和行桩。活桩是静桩达到一定程度之后的练法，而行桩是活桩达到一定程度之后的练法。行桩的练法在本门有单独的行桩组合，是不同的桩功在行进间的练法。练拳也属于行桩，所以也可以通过练拳来行桩。

行桩（练拳）的时候，并不仅仅是脚步一动，身体跟进，落脚成形，出手成式。这样练只能算是表皮儿，层次是很肤浅的。

正确的练法是每一下都要能拿住丹田、松好腰，将自己的重心平稳地放在一条腿上，另一条腿的提起则通过重心完全移动到这条腿后自然带动。在形成单腿独立姿态的时候，周身都要有安舒之感，紧张是不对的。神意要在内里，不能放到外面。神走意飞，则周身功架就散了。

提起的脚要非常轻松自然，没有特殊的式子要求时，脚不能超过支撑腿的脚踝高度。落脚的时候，支撑腿的腰、胯、膝都要松开，这样能够将气顺势下沉，然后顺着前脚的踏实，旋腰转脊，裆走下弧，来完成换势换劲。整个过程，重心移动要稳，身形要正，不能用丝毫的拙劲，不许有努气较劲的情况，不可腆胸、提腹、挺胯。

这么来行桩（练拳），你会惊喜地发现周身是暖洋洋的，丹田腹部也不像平日里跟自己没有关系一般。由于走动的松沉和匀缓，每一下都能使你的呼吸跟着变得绵长细匀。只要按照我说的这些去练，你的行桩、练拳就不会平庸无味了。

## 八

## 若欲换劲根为始　进阶有序按次第

武术不知从何时开始有了内外家之分。但从文字记载来看，有"翻外家而成内家"一说。也就是说，内家拳从外家拳演化而来。从事物发展规律来看，一种技艺在达到极度成熟之后的升华是说得通的。既然如此，追根溯源，所谓的外家练法当然就不能被漠视。

在《少林拳秘诀》中有一句话颇为引人注目："欲求技击妙用，须以站桩换劲为根始，所谓使其弱者转为强，拙者化为灵。"此处说的就是开始练拳的时候怎么去习练。那怎么去习练呢？答案是站桩。

现代人学太极拳没有几个是从站桩上开始的，也没有几个是站了很长时间桩的，更没有几个能够搞清楚太极拳的桩到底是干什么的以及应该从什么桩开始站。自古以来，任何一门拳术的形成都是从简到繁的过程，这和文字形成的道理一样。也正是因为这样，才逐渐形成了太极的习练体系。

可看看现在呢？一上来就开始学拳架子，练了一辈子就是翻来覆去的各种拳架子。如果拳架子就是决定习练太极拳效果的根本，那练了很多年、会得很多、拿过奖牌的应该大有人在。可功夫在哪儿呢？练习的体系都存在问题，哪有功夫可言。

拳架子没有用吗？当然不是。这就好比中学、高中、大学不可能没有用的道理一样。可我们若只着眼于中学、高中、大学，却对小学的内容忽视、忽略，这怎么行呢？太极拳也是同样的道理。所以久练无成、练了效果不好等都和学习太极的次序不对有着很大的关系。

站桩和练拳本就是一个关联性极强的整体。站桩既是打造练拳根基的初期练功方法，又贯穿于修练始终，是练拳达到极高艺境所必须的。练站桩的人不少，但目的不同，方法也是有所差异的，常见的是两手体前环抱的那种"浑圆桩"。虽然不能说是不对的，但是直接一上来就这么抱桩肯定是错误的。

正如《少林拳秘诀》所言："站桩换劲为根始。"开始时站桩的目的就是换劲。而初步的换劲就是把杂乱的理顺、把飘忽的落实。不这样，又怎么能彻底地打破原有的生物力学构造而获得合乎拳术要求的重建呢！所以，一开始的时候所要做的就是一个字：舍。

舍是一件很不容易的事。因为肌肉有记忆。正如谚语所说："病来如山倒，病去如抽丝。"几十年形成的思维方式和用力习惯想一下子就能改过来，是很不容易的。那么，在还没有把一身不合拳理的问题解决好就进入下一部分的，更是完全说不过去的。不能一上来就站"浑圆桩"的原因就是这个。

一开始不站"浑圆桩"站什么桩呢？当然是"无极桩"。无中生有是天地间的不二真理。因此，无论是基于后续能够练好"浑圆桩"，还是开始就做到筑基换力，"换劲为根始"的桩非从"无极桩"开始而不可。

有人以为"无极桩"就是往那儿一站就得了，这肯定是不对、不行的。这里面是有其诀窍的，按照诀窍去做就能松下来。只要松下来了，站这个桩就会动。这既是一个非常有意思的现象，也是判断"无极桩"是否站对了的标准。

大家平时站桩之所以不动，是因为没有松，总是紧张着。动，也就意味着站桩松下来了。所以"无极桩"的奥妙就在于这个动，只有这样才能逐渐生成太极劲。无极生太极嘛！太极劲只能从无极桩里练出来。有了太极劲之后再学练拳架子，练活桩、行桩就不一样了。

功夫这东西光有劲还不行，还得会用这个劲，而且要力求用得得心应手，好似庖丁解牛般的游刃有余，也叫作"神以知来，知以藏往"。这种功夫非得从拳架子里去求而不可。所以如果说站桩是固态的练法，那么拳架子就是桩的动态练法。

拳术自身的妙用能让弱者转为强、拙者化为灵，这种效果必须得先从站桩换劲上得来不可。换劲的第一步就是上下劲的生成。上下劲是练拳时进、退、顾、盼的根源。古人说："得其一，万事毕。"在太极拳的练法中，上下劲就是这个"一"。

通过合理的站桩方法和站桩次第的内修外练可以为太极拳打下"八法"的坚实基础。站桩与拳术在过去的太极拳练法次第当中的要求是非常严格的，站桩能够获得劲力上的奥义是毋庸置疑、无可替代的，但若想让劲力的纵横随心所欲，不通过拳术上的练习是绝不可能的。

既能于"静练"中求得动的技击功夫，又能于动中练就保持内静的功夫，最后达到"静中触动动犹静"的拳术意境，那就可达太极的上乘之门了。如果单纯以站桩的静或练拳的动而去求索太极的功夫意境则肯定是不完整的。如果顺序不对或体系不全，又怎能最终练而有成呢？！

## 九

## 悟练基本增功力　不得要领谈何易

老子说:"贵以贱为本,高以下为基。"任何事物没有牢固的基础都如水中漂木、柳絮飘飞,所以,入手的基础非常重要。太极拳非常注意松,松不开就没有效果,就体会不到太极拳的那些效果。

什么是松,怎么松,松到什么程度?这一切都得从"无极桩"上去找。"无极桩"就是培养松、静的。这种练法不是练肌肉。站桩站得酸疼是不对的。那种把腿练得直哆嗦,且练久了好像腿部力量增强了的,和太极拳没有半点关系。

真正的太极拳可不是"苦练"就能练出来的。过去,武当太极有一派叫作"悟修派",就是悟而修之的简称。这种悟不是用脑袋想,而是在具体的练法下形成的身体感悟,也叫作身知,是一种大智慧。

老拳谱里说:"一举动周身俱要轻灵。"是对练法正确与否提出来的一个衡量标准。这和你站各种抻筋拉骨的桩是没有什么关系的。你那样练,练得的仍然未出力量的范畴。这个世界上很多事情都不是用力量就能够解决的。太极拳又何尝不是如此呢!那样练的不是太极拳。

学太极拳必须要从站"无极桩"开始。没有站过"无极桩"就等于一辈子都没有上过小学。而没有小学的基础,中学又怎么能够读得好呢?所以,不要把"无极桩"看得可有可无,甚至是不屑一顾。

站"无极桩"在习练太极拳里的目的就是要把自己周身理顺，这样才能练出太极拳独有的劲来，有了劲才能谈及懂劲。劲懂了后就知道为什么练太极拳在古法当中被叫作盘架子了。盘就是盘旋环绕，就是圆。是圆就必然要有圆心。所以若找不到这个圆心，你练来练去还是不行。

　　"无极桩"按照方法要求去练，都做到位了，就明白什么叫作"中正安舒"了。只有"中正安舒"了，才能把自己身上的气儿调顺了。当然，这里说的不是调呼吸，太多的人在这个问题上都进入了误区。你必须要清楚，只要按照要领去做，周身协调一致了、安舒了，那么气儿也就跟着顺了。

　　气儿顺了人才能静。你看人如果快速奔跑使呼吸变得急促是不是就没法安静下来？反之才静下来的可能。静有助于松，松有助于动，动来动去，脚底下能感觉到借力点，离出太极劲的雏形也就不远了。

　　以上说的这些离不开中定这步功夫，只有在中定的基础上才能实现这些。拳谱里对此说得好："定在有隙，中在得横。"做不到这个，太极劲是出不来的。太极劲不仅是一种劲，也是一种感知力，在这种感知力下，才能真正做到"劲起于脚，发之于腿，主宰于腰，形之于手指"。它是个挺神奇的东西，只要练出来了，你就真正能够感受到了。

　　你脚底下这个劲要能到你手上去才行。对方一和你接触，你脚掌上的劲必须要瞬间能和对方接上。也就是说"彼之力方挨我皮毛，我之意已入彼骨内"。这离开脚底下的劲是做不到的。离开了脚下的劲，就是局部瞎撞。说起来很简单，不复杂，可难就难在练出这种功夫来！

　　练出这样的功夫的关键还是在"松"。至于什么丹田气不要去管它，你真松开了，气也就下去了。不容易的是筋骨皮肉、五脏六腑、大脑皮质都得放松，需要在正确的练法下耐心去做的一个过程。

"其根在脚"很多人都知道,就是你脚底下必须有东西才行。你脚底下没根,"发于腿,主宰于腰,形于手指"的效果就形成不了。能做到脚下有根了,并能把脚底下的劲运到手指上,就可以说大致行了。"太极不用手",说的就是养成人体第一动的力源要在脚下才行。

虽然说这里面的事儿就是这样的,但是要练上身也确实不容易。不过,拳毕竟是给人设计的,只要按规矩去练,和好的伙伴儿一起研磨,那也不是多难。很多时候,有些推手中的那种撕拉扯拽看似有用,但那并不是太极的玩意儿。我们什么时候把自己练"空"了,也就练到大乘了。但这种空是极高的境界,一开始就往空了练,最后什么也不会练出来。这就和直接就上大学是不行的一样,如果行,还设立高中、中学、小学干什么呢?

太极拳讲究整劲,并且非常的讲究。但不仅仅局限于自身的那个整劲。这和其他拳术又是一个非常不同的方面。在练习推手的时候,是我的力加上你的力,俩打一个,就是所谓的"顺人之势,借人之力"。所以,这个整体的力道远远比我们自己的那点力要大。

有人对我们这个门的"无极桩"非常感兴趣,看了练法觉得非常好,于是在练的时候就问需要站多长时间。我说,以舒适为得法的标准。练功练拳重在质量不在于数量。站对一分钟就得一分钟的功夫,站得不对,站一天也白扯。只要按照我的课程课件的视频里说的要求去练,熟能生巧,越站技巧就会越高,感觉就越深。

在保证质量的基础上,站30分钟到40分钟足够了。因为这个时间正好是人体微循环一周的理想时间。现代人练拳,是很有必要讲究科学性的。当然,你要是能在保证质量的前提下站得更久自然更好。

练功夫要做到《入药镜》当中所说的"一日内，十二时，意所到，皆可为"。所以，我们现代人练太极拳、练站桩，每天哪怕只有二三十分钟的练习时间也是可以的。因为平时生活、工作当中也是可以带入这种太极的状态的。

如果能够把拳理、功态融入我们的日常生活中，行坐卧走、吃喝拉撒都要有这样去做的意识，那么，你的功夫就能上身了。练上身了，也就是人体形成了记忆，那时，你哪怕是走着路也可以把功夫练了。只要练法对，持之以恒，积少成多，自然水到渠成，没有什么难的。

## 十

## 传统太极练心身　　神气意形俱归真

　　传统太极拳和现代太极操是截然不同的。它的习练原理和方法都保留着早期太极拳的独有特色，包括对练法和用法的要求。传统太极拳的练法和用法都是建立在符合《太极拳论》的道理基础上的，始终围绕着老谱老论将太极拳的练与用紧密地结合在一起。拳怎么练就怎么使，怎么使就得怎么练。因此，传统太极拳的习练包含了原理和方法（练法和用法），二者缺一不可。

　　传统太极拳的习练事项从大的方面而言就是修心与练身。所以，传统太极拳是修炼心身合一之术。武禹襄先生在《太极拳论要解》中说得好："先在心，后在身。身虽动，心贵静。"只有心身合一方能调节周身内外，才能达到我们想要的预期效果和必然会有的结果。如果从更为具体的方面来说，传统太极拳是养生与技击并存的。其养就犹如养兵千日，其击就犹如用兵一时，养兵在于操练与养护相结合，这样其既能得到锤炼，又不会受到伤害，进而才能形成一支打击力和服从力极高的作战部队。

　　所以，传统太极拳应该通过心身的有效结合，进而练养出周身协调一整的整体劲，而这种整体劲的运用还要建立在对阴阳转换的变化尺度上。这种阴阳的范畴体现在进退、缓急、虚实、化发、松紧、刚柔等方面，也就是古拳谱中所说的"一处自有一处虚实（每一处都能划分出阴和阳的属性来），处处总此一虚实（无论有多少阴阳形式的存在，却都不出阴阳的机理）"。从这层道理上可以界定我们练拳的方向和性质，以及用什么方法来实现这种道理向实际的转化。

前面我们用部队来比喻形容人的一身上下、前后、左右、内外。而一支部队是由不同的部门和形形色色的士兵组成的，要想让他们很好的执行命令，就要从遵守统一规定的方法入手。而太极拳里的这个方法就是松。

紧是消耗，消耗的是肌肉的力量、神意的能量。而松是蓄养周身的力量，涵养神意的能量。松并不仅仅是放松那么简单，它分为主动地松和被动地松。主动地松就是精神意识不能紧张，要内敛舒逸。精神如此，则神经自然得以松弛，那么肌肉也就会相应得到松弛。与此同时还要做到"身法八要"，即提顶、吊裆、含胸、拔背、松肩、沉肘、裹裆、护肫。

身法八要是在松的基础上所形成的人体八个部位的协同变化。如果没有松的前提，同样的做法就失去了意义，可以说是差之毫厘，谬以千里。很多人在努力向松去做的过程中并没有考虑"身法八要"的重要性，所以拳势零散，也就没有了练出整劲的条件。整劲形成的条件还需要做到"其根在脚，发于腿，主宰于腰，形于手指"的节节贯穿、一气呵成的效果才行，而欲达到这种效果，就要在用意不用力和周身不挂力这两个方面下一番功夫。但有人或者会提出疑问——不用力怎么练拳呢？

的确！练太极拳是要以人体肌肉运动为平台的。人体肌肉运动是不同的肌肉群在神经系统的控制下完成的各种行为。所以太极拳运动不是玄虚的，不是靠意念想象完成的，而是先有意识，同时配以行动。

正如我们夹菜，要先有一个既定的目标，然后用非常合适的力度去接近目标来完成想法的落实，而不是用抬重物的力量去夹菜，或者用负重的力气去夹菜。因此，用意不用力的内涵就是在意识的指引下不用多余的力气、笨重的力气，只用正正好好的力气去完成每一个拳势。这里面的窍门就在于得会借地力。

而周身不挂力指的是在同样撤除拙力的同时，还要做到任何关节都不能作为力点存在。如果有关节作为力点，脚下的根劲到此就会被截住，传不出去。而在盘手（推手）当中练习的就是彼此找对方的力点，在摸清对方力点的瞬间要以其力点作为打击的支点，即是打实不打虚的原理所在。

因此，我们要通过练拳使周身关节养成不挂力的意识。如果在走动中出现了力点，要及时用腰腿走化。利用各处关节都有的转动折叠的生理本能去进行相应的旋转配合。周身关节在松开的基础上折叠圆活，就是大松大软的，而不是在力点上去一争短长。所以，传统太极拳的习练是一定要遵循用意不用力、周身不挂力的练习要求的。而这样的要求也是必须通过松来实现的。

明白了上面这些要点的道理，练拳的时候就要有中、有意、有松，三个条件缺一不可，少了哪个都实现不了练出真正太极功夫的目标。除此之外，还要掌握"劲起于脚"的练法。老谱中总结得好："松则沉（下沉之意，不是沉重），沉则轻（有根之动为轻，无根之动为浮），轻则灵，灵则动，动则变，变则化（灵活圆转之功效）。"

轻灵活泼、周身顺整的动静开合是求得懂劲的关键。所以，松的一个目的是将后天形成的蛮横之力气向下沉降。能将周身之力量松沉下降到脚上，则动静开合方能有根，发力才能充分的借助人体的整劲通过借地之力来实现打击的效果。这是很深邃、很细腻、很特别的一种技击原理。这种原理的实现无松不得以成。

而在练习的时候，为了实现这种效果就要做到松、柔、软、慢、稳、静、圆、匀，就要充分地将骨架作为支持，使肌肉尽量放松到骨肉功能分离才行。若肌肉是松的，骨头是紧的，你就练对了。同时，上身不会为了维持平衡、稳定而使用多余的气力，才能真正实现向下松垂的目的，使得下盘的实腿承重既稳又松，虚腿的拿脚迈步既轻又灵，如此才能在技击当中实现两腿不断地虚实轮转，以配合腰脊为中轴的圆转化力的效果。若不能练出脚底阴阳变化的大虚大实、单轻单重的下盘功夫，而只是通过腰轴的转动是绝对不行的。所以必须要重视整体作用。

除了上面讲的这些理法，为了学以致用，平时练拳还必须做到上下相随、内外合一。上下相随是针对手脚而言，只有做到了手到脚到、脚到手到的协调顺应，才能实现"上下相随人难进"的效果，否则就成了老谱所说的"手到脚不到，打人不为妙"。因此，练拳盘架之时要心有所动，形即随动，周身如百千万个大小齿轮互相咬合着齐齐而动；心有所静，形即随静，周身如百千万个大小齿轮互相咬合着齐齐而静。这种百骸从君之命的练法要求，经过长久的演练自然会渐渐养成上下相随、周身协调之功，是培养内劲生成的条件之一。这种动、静、动、静的阴阳换转，使练拳就如长江大海一般绵绵不绝，使人乐在其中。

而内外合一则是指外形与神、意、气的配合原理。但太极拳练法主张自然，不尚刻意，因此，这种形和神、意、气的配合只要明白内随外而动即可。如形是内收蓄养之势，则神、意、气必随之以做呼应；形是外发放远之势，则神、意、气必随之以做配合。若走架盘拳当中体现不出这种机理，做不到这种形、神、意、气合一，化发的质量必然就大打折扣。

其中，意的作用是最大的。练拳之外形必是来自内意，否则就犹如没有思想的行尸走肉。要做到"内有意，外有情，此情表现在于形"，这样的形意合一才能使盘拳走架富有生命力，体现出传统太极拳的内在美。所以，始始终终都是意，时时刻刻都要松。内意的紧和外形的松之间的协调统一，充分体现了传统太极拳负阴抱阳的平衡性。

练习方法只有通过以上这些道理的实践才能事半功倍。传统太极拳的技击技术唯有建立在正确合理的练法上，出来的功夫才能学以致用地发挥出它独具特色的技击效果。

练拳还要通过式子和式子的细腻衔接来锻炼内劲的不同变化。劲如钢，架子如炼钢的模具，久练就能使劲变得周整灵活。这也是传统太极拳能通过盘拳走架而出功夫的原因所在。而松软轻慢的走动架子练的是周身关节，使其如九曲珠一样的贯穿灵活，不断地磨棱去角，以期达到圆活顺遂的效果。

形体的顺遂周整能够让意的指挥无往不利，意的见机行事又能在形上得以很好地舒张，即老谱里说的"以心行气，务令沉着，乃能收敛入骨；以气运身，务令顺遂，乃能便利从心"。这种形和意的高度配合，自然而然地给予内里的气血以足够的生发壮养的空间。这种内气又会因为传统太极拳的松、柔、软、慢、稳、静、圆、匀的性质特点而与肌体的内部很好地契合，从而潜移默化地改造内部，强大习练者的精气神。所以，武禹襄先生在老谱中说的"气以直养而无害"，指的就是并不需要单独的练气，只要通过外和内的高度和谐统一，那么自然就能够很直接地壮养我们的内气。这种内气的性质是完全基于内和外，在配合当中能够随时做到"无过不及"，或者渐渐向着"无过不及"的目标靠近而随之生发形成的一种中和之气。

以我的实践体会，传统太极拳的盘拳走架实在有其高深奥妙的独到之处。而在传统太极拳的训练体系当中，大架子、老架子的重要性是有其存在的必要与合理性的。其内涵就在于利用意为主导、形为主要、松为主旨的脉络，大开大合，舒展大方，使关节充分地活动开，起到拉抻关节周围韧带的作用。如此，既锻炼了关节的灵活性，又强化了关节周围筋膜的弹性，才能实现周身关节转动幅度和强度的提高。形体的开展会把后天拘谨的力道彻底打碎揉匀，然后再渐渐从大到小地收拢，通过内劲，根据每一个式子的作用、机理而让之前方大的架子里富有团圆活泼之趣，此乃"由开展而渐紧凑"的道理与程序也。其次第不可逾越！

老谱中说："入门引路须口授。"可见师父的重要性！在传统太极拳教与学的过程当中，徒弟一定要尊敬师父，这样才能够将师父所说的每一句话、每一个字牢记在心，反复进行揣摩推敲。徒弟一定要追随老师恒久，由师父不断地在学练当中根据进展适时地给徒弟捏架子。架子若是走样，就出不来真正的纯粹的太极功夫。定型是非常重要的事情。非有明师、常伴师侧而不可！

平日练拳还要尽量找一僻静之处，以求神清、意宁、气和，对功夫的进步助益非浅。再有就是如《入药镜》中所说："一日内，十二时。意所到，皆可为。"我们平时专门练拳的时间毕竟有限，更多的时间都是在做着其他的事情，所以我们可以在日常生活中于行、立、坐、卧之间随时随地地遵循拳术当中所要求的各种事项要领的。这种别人看不出来，自己心中明白的练功状态，经久习惯之后也是对练拳长功起到事半功倍的作用的。最后，建议练拳的时间、数量以适度为好，因为过则易损，对健康、养生、出功、长功都是不利的。

## 十一

## 既然练拳学太极　就得练劲不练力

　　练太极拳对于力与劲的区别是一个很重要的课题，也是常常让大家感到困惑的问题。从人体生理构造而言，力是由肌纤维收缩拉动骨骼而产生的，如果通过特定的锻炼方式，肌肉纤维会变得更加粗壮，力气大就是这样形成的。这样的力对于大部分人来说当然是非常有用的，但对于练习太极拳的人而言则属于笨力、拙力，也叫作蛮力。因为它在方向的变化上比较单一，缺乏灵活的变化，双方都用这样的状态去用力对抗，肯定是力气大的占优势。所以说："有力打无力，手慢让手快，此皆先天自然之能，非关学力而有为也。"

　　太极拳在使用上与众不同的方面之一就是"四两拨千斤"，也就是所谓的以弱胜强。这说的显然不是通过蛮力所能获得的效果。这种效果来自劲，是通过这种拳术独有的练法要求，在放松的前提下对自身骨架进行一番调整，并结合螺旋、缠绕、滚转等运动形式，再匹配运动速度的控制而形成的。

　　不同水平的太极拳习练者，对劲的掌握能力是不同的。劲的总源头就在脚下，叫作体。劲的应用延展在手上，叫作用。太极拳劲的应用、锻炼必须要通过古传太极十三势中"八门劲"的单独侧重训练渐渐形成，才能逐渐地领悟太极拳中"劲"的妙处。当然也有通过练拳获得的，可不适合于更多的人。就当前来看，古传太极十三势是最人人练有所成的。

　　力的作用更多的是克服外界的阻力而实现想达到的目的，比如人想站立就得随时随地对抗地球的引力和自身的重力，这当然就得让肌肉紧张。而太极拳内在的劲虽然也具备一些力的特征，但更加注重的是变化，是根据对方对我们自身的作用感应而进行的高频微调。

就人体运动力学而言，其实质就是肌肉力量的彼此互动。这是一种不同寻常的控制力，所以太极拳也是在练我们肌肉的多向性。因此，在这种锻炼下能让我们逐渐形成更为敏锐的神经感应与反应，是太极拳的劲与力在身体训练变化上的独特之处。

所以，我们应该逐渐清楚力与劲的区别在于单向性与多向性，也就是说，力是不易改变的，而劲是可以随时改变的。如果力的作用之一是克服外力，那么劲的作用就是改变外力的方向。当然，这是劲的功能的一种，而不是唯一功能。

从人体运动力学角度而言，力是有形的，能够对其进行量化，但劲是变化无常的，无法量化。就此我们也可以说，力是方向直接、单一的，而劲是方向圆活、弧形变化多的。因此，练太极拳时之所以要求做到处处圆活，实际上是为了培养劲的形成。

平常人的肌肉分工非常明确，而太极拳当中的劲力是整体肌肉群，乃至于骨架的相互作用，才形成了所谓的整劲。力的应用原理往往会使得我们的重心不稳而上浮，而劲的练习通过多向性的骨肉相互关联，这其中当然包括对人体平衡的维系，因此，练习太极拳的重心是稳定的。这种稳定就是沉，沉是松的结果，而用力是肌肉的紧张，松则相反。松练劲，紧练力，就是这么简单。

## 十二

## 学练太极慢与松　　抽丝剥茧一层层

练太极拳，松是必须的。在松的过程中还有松沉一说。不知道大家在练拳时都松沉了没有？有的人会说我松了，我一松就有往下沉的感觉。我不说你这是错的，但也仅仅是松的一个开始，松是有不同层次的。

松沉就是周身的气沉到脚下。你说气沉到丹田，那不对，如果对，那你丹田以下干嘛去了？所以沉到脚下才是真正做到气沉丹田，就好比爬山爬到半截和爬到山顶能一样吗？能松到脚下了，你腹内也就松净了。

老谱里说："腹内松净气腾然。"真正的气通、气感是从这来的。那么松沉的另一个层次——"敛气入骨"也就由此而生了。"以心行气，务令沉着，乃能收敛入骨"说的就是这个意思。入骨就是不在肉皮外面练气，而是在放松的情况下，精神意识作用到身体里面，就好像往骨头里面去了一样。所以练太极拳特别讲究含蓄，实际就是为了"敛气入骨"，也叫作内壮。

螺旋弹抖的练法是在含蓄达到足够程度之后，专门去练发力的内容。有没有深度的含蓄层次去练发力，效果是有天壤之别的。由"敛气入骨"渐渐能生出轻灵之感，是非常关键的。老谱说："轻灵活泼求懂劲。"有很多人松沉了一辈子，可到用的时候就是不好使，无法把太极拳的原理体现出来，这和不具备轻灵有一定的关系。

若做不到轻灵活泼而想懂劲，那是绝对不可能的。轻灵活泼不是蹦蹿跳跃。弄明白了什么是懂劲，那么太极拳的轻灵活泼也就算真的明白了。老谱中说："阴阳相济，方为懂劲。"化发变转的无有间隙、顺遂圆活就是阴阳相济，是轻灵活泼的，不是死气沉沉的。所以欲要懂劲，先要阴阳相济。

阴阳相济得靠神、形、意、气合到一块的轻灵活泼才能得以实现。"意气须换得灵，乃有圆活之趣"。这个圆活指的也是阴阳相济。而在实际体用当中说就是一收一放、一化一发，收放化发要像太极图里的阴阳鱼那般头尾相连，没有间隙才行。这说的是身体要明白。从前面的心里明白过渡到身体明白，心里明白就是正确理解理论后以便于练到身体明白。

另外，练拳一定要慢，能不能松柔下来与能不能慢下来有直接的关联。只有慢下来我们才能体察到一身哪里做得还不够，只有慢才能将意识很好地的落实到对身体的运用当中。

练拳不要怕慢，不要急躁。怕慢说明你的思想认识还过于僵持在后天形成已久的运动习惯上。急躁说明你意念神识还不够松静到契合形体运动的享受当中。

虽然慢对能否练好太极拳很关键，但是慢不能迟钝、不宜迟钝。形体的慢在意念的指挥下，而意念不仅要将运动速度降下来，还要将意念与慢运动结合到一处。不能因为慢下来了，意识形态却迷茫得没有了着落，这样练不出感觉，也没法抓住感觉，进而也就练不出内在的功夫。

"紧了崩，慢了松，不紧不慢才出功。"这话很有道理。也可以理解为意的紧（意识的参与）和形的慢（身体运动的形式）结合到一起才能成功。希望没有意识到这个问题的各位能重视起来并细心体会，自有天壤之别的不同感受。

## 十三

## 腰松桩架仿生息　　不走弯路六必知

　　太极拳的理要在自己身上去实践、揣摩、印证、发挥才行。正所谓，书中得来终觉浅，绝知此事要躬行。这说得一点也不假，只有通过实实在在的正确练习所得出来的效果才是真的，叫作体悟，也叫作身知，身知永远胜过心知。由身知而达到的心知是知行合一，身不知心知则属于理论高手，纸老虎一个。下面我就说一下如何才能做到知行合一。

　　练太极拳必须找到腰，没有腰不行。太极拳是从始至终都画圈的拳。只要是圈就得有圆心，这个圆心就是腰。"十三总势莫轻视，命意源头在腰隙；刻刻留心在腰间，腹内松净气腾然；腰为主宰；以腰为轴"等说的都是这个。我们较之古人练的高度是比不了的，所以我们只能依照正确的练法在整个过程中去对古人所留下来的体悟进行印证，而印证首先得掌握正确的练法。

　　松是重中之重，但是在松的基础上还要使身体各个部位合乎要求。譬如，脚下要始终有根，松腰落胯、圆裆屈膝时刻都要保持住，胸要始终含着，肩肘始终要张着，这样有利于气沉丹田和气贴脊背。在这些要求下松才有练拳的意义，这些要求也必须建立在松的基础上才能做得恰到好处。

　　站桩在练拳当中的意义就好似一个新生儿必须得先学会站，才能谈及走和跑的道理一样。站桩切忌形式上的低桩，不仅初练不好，久练更会影响练拳的纯度，你得明白站桩是为了什么。很多人练低桩都站得膝盖吃紧，练成了死力。正确的站桩是在脚下生根、小腿立地如柱的前提下，还要周身都有活泼灵动之感才行，而不是用多大的力气。力气易得，灵性难求，站桩站的就是那个灵性。

盘架子要能进入见景生情的状态，不能形是形，意是意，两两分离。孤阴不生，独阳不长，所以形和意要紧密相连。太极拳也可称为"形意拳"，只是这种"形意拳"必须要遵循无过不及的运动要领，就好似太极图当中的阴阳鱼一样，要在练习当中时刻保持形和意的对称运动。

一定要考虑仿生学在太极拳当中的深远作用。比如"迈步如猫行"这句话在太极拳里一般说的都是练习当中要像猫走路那样轻灵，这是对的。但是猫科动物走路轻灵的多了去了，为什么要用猫行，而不是虎行、豹行呢？因为后者都给人以力大无比、气势汹汹之感，若仿照它们来练，就会不由自主地让人紧张起来。所以练拳要"迈步如猫行"。

呼吸对于出功夫很是重要。拳谱上说："能用呼吸妙法通。"但是呼吸不能勉强，要自然，要做到三丰祖师所说的"真人之息不调而自调"，才符合太极拳理。那种刻意去呼吸，人为地配合动作去呼吸的绝对不合理。一定要记住，是行为决定了呼吸，而不是呼吸决定了行为。这里所说的真人之息，也叫"气口"。道泛于俗后有"内练一口气"的说法，实际指的就是这个，会直接影响动作的松柔、丹田的效应，乃至于影响练习者的层面进境。

以上六个要点在浩瀚的太极拳习练体系当中并不能含括一切，却是当下许多太极拳爱好者们所意识不到，或者意识错了的，所以这里有针对性地写出来，希望能对真正爱好太极拳的读者有实质性的帮助。

## 十四

## 体要松来气要固　　神凝心静合法度

练太极拳有两点大家必须要明白，一个是外部动作要柔和匀称，一个是内里须以气化力。这两点缺了哪一个都不行，否则怎么练都是白白浪费工夫。

匀称体现在速度与力度的均衡上，而太极拳又处处都要求是圆形的。譬如，裆要圆、背要圆、手要圆等。所以这种圆形的均衡就得依靠它的中心点——腰脊来得以实现。

我们经常提到的"拿住丹田练内功"，说的其实就是这个。但太极拳这种独有的丹田练法和其他拳术是不同的，和什么翻丹田、蹲丹田、转丹田等没有一点关系。

只有这样才能真正得到不动则已，动则全身齐动的效果，故有一动无有不动之说。而这一动不用剧烈之力即可引动全身之动作，无有不到，方是太极拳所要求的真动，由此才能成就外表极其柔和、内理延绵不断之势态。如一动而不全身皆动，或一动而呈剑拔弩张之形，则非太极本来面目也。

明白了这一点，就应当知晓全身的运动与柔和的运动无非都是自然的趋势罢了。所以，当我们明确了练太极拳是处处以腰腹为圆心所做的柔和匀称的圆形运动后，还得从"松""固""凝"这三个字诀上说一说。

何谓松？体要松；何谓固？气要固；何谓凝？神要凝。只有体松、气固、神凝，才能内外相合。下面就此三点作以阐述。

体要松。松字浅显的解释就是不用力，因为一用力，动作就不能自然。就像我们很自然地拿着筷子夹东西，如果刻意去做或者用了多余的力气，那么我们就做不到原有的自然而然的灵活顺遂。不用力的好处即在于灵活顺遂。

从实践中得出的结论就是，练太极拳的时候若着意在用力，各部分就不平均了，就破坏了整体的协调匀称。反之，顺着身体自然动作，周身所有动作亦可无所不到，无有不舒服之处。

遵循这种平均如一，或者也叫作肌肉若一的自然运动之法，则可徐徐将动作归到中心，久而久之，中心之动必能定型。所以初学太极拳非松而不可，松是学习太极拳的第一步功夫。

松而不用力的运动就是柔和的。所谓松沉，是先有松而后有沉，这种沉劲虽小，却可将周身散乱之力归于一处而最终得其中心感受也。拳谱所说"由开展而渐至紧凑"，在学习初期亦可以释义为开展者，彻底松开也；紧凑者，通过松沉而逐渐实现中心凝聚的感知也。

气要固。体松固然是找到中心凝聚的一个条件，但松不能懈、不能散，这又涉及了气固。因固字浅显的解释是不散漫。所以，固字诀指的就是固气，而这个气又不单单是气感，还包括了呼吸。

"有气者无力，有力者纯刚。"我已经在多篇文章中提及，在不用力的前提下，周身会有明显的气感。而在松的方式上也能够实现初步的气沉丹田，这种气沉丹田对于整体的气感不散乱是非常关键的。

因为保持气沉丹田则腹式呼吸就随之形成，就增加了呼吸的纵深作用，进而会对整体的气感鼓荡产生统摄意义。所以说："刻刻留心在腰间，腹内松净气腾然。"腰腹如车轴，气如车轮，车轮须围绕车轴转动，如此，则一身之气稳固。

固是学习太极拳的第二步功夫。如何能固气？把气沉在腹部，不要浮在上面是重点，这与通过深呼吸来尽量扩大肺部，将横膈膜压下去的硬性做法完全不同。练拳之时，肩要垂、肘要坠、腰要塌，久而久之，气自然沉下去了，所谓"心虚腹实"是也。腹实则气固，身体便有重心，则无论手足如何动作，重心总在腹。得其重心，动作自如矣，故曰：气固则身自稳也。

神要凝。凝字浅显的解释就是凝定也，实际说的是精神。向我学习太极拳之人曾提到的问题之一就是怎么能让心静下来。

心欲静除了在练拳之初要进行自我心理暗示，譬如默念"心境平和，万念放下"，在练拳的过程中也非于身上用一番功夫不可。如身体不可有抽扯忸怩之形、漂浮乱摆之动，属于前面提到的外部动作要柔和匀称的练法范畴。

只有做到了心静，才能有着更好的内在感知，进而将内外合于一处。拳谱中说："以心行气，务令沉着，乃能收敛入骨；以气运身，务令顺遂，乃能便利从心。"心静则沉着，身净始顺遂。沉着顺遂，含蓄于内而周流不息，内劲不求而自得也。

## 十五

## 弃多求少益求精　外物不扰心自清

我们每一个人练习太极拳的目的和理念都是不同的，但要想达到一定的预期效果必须得下一番功夫才行，这是每个人都很清楚的。可怎么下这个功夫却是我们许多人不甚明了的。我通过这篇文章来作以阐释，希望对迷茫者有所启示。

第一，弃多求少，精益求精；不在表象，重在内里。样样通，样样松，做什么都要讲究一个专字，只有专一才能钻进去，钻到里面才能得窥法华三昧。欲求专一就要做一番减法，要对原有的练拳思路进行改革，将追求多套拳的数量变成注重一套拳的质量。由"杂"转向"精"，进而静心持修。

可并不是减少了练习内容就能有所成效。专是为了把时间和精力更多、更好地放在内在功夫的锤炼上。内，指的是内里的精神、意识、关窍、气血，没有内在的练习内容，太极拳就没有所谓内家拳的称呼了。所以说，专是下一步内功练习的铺垫。

第二，动静有别，修炼有异；以外带内，不可刻意。因为太极拳是动态的功夫，和打坐、站桩截然不同。这种不同到底在哪里，很多人也是糊涂的。后者是完全在静态的情况下利用意识对人体内在直接进行一番作用的。因为外部不能动，所以只能通过部位（关窍）、呼吸（顺、逆腹式）、意念来练习。

而太极拳与打坐、站桩恰恰相反，是动起来的，因此有以外带内一说。而这种以外带内又必须是"道法自然"的。也就是说，不能在外部运动的时候刻意地用呼吸作用于具体部位，因为这样会对这种运动的自然性产生破坏。"在气则滞",因此,练拳的时候配合呼吸在太极拳拳术上是错的,但在单独练习固定不动的功夫时,只要方法得当,配合上呼吸倒是没有错的。

第三,松到脚下,拿住丹田;学会用意,弱化拙力。太极拳的以外带内别有一番奥炒,是别的拳术所没有的,是由于太极拳所独有的内功体系形成的。从太极内功角度而言,必须要先做到松至脚下才行。脚下好似水龙头,能松到脚下,就相当于水流到了水龙头,能流到水龙头,人体从头到脚当然就是通的、空的,这个时候腹内(丹田)不想松净都不可能。松净就是空,空则能容物,而这个物就是气。丹田之所以被称为气海,意即其为人体之气汇集的总枢之处。

在明白这个之后,还要搞清楚用意不用力是太极内功形成的重要意义。不用力指的是弱化本体力的参与,进而时时借助地力作为拳势动静开合的推动力,如此既不会破坏丹田的松净,同时又能形成运动。而在这种新的运动模式下,腰作为人体圆形运动的轴心则是异常重要的,练太极拳一定要重视腰。

第四,心肾相交,留心腰间;月映清水,不着些痕。没有腰的参与就无法实现丹田在三维空间下的相互作用。因为腰是人体的黄金分割线,正好处于三维坐标的中心点上。因此,在古谱当中于内功修炼上有"刻刻留心在腰间"一说。且心属火,肾(腰)属水,刻刻留心于腰间,心火(心气)就会下降到肾水(肾气)。二气相交在古法当中被称为"心肾交"。属于气机的交合,实则和脏器没关系。

无论是动是静,任何练法都离不开静。打坐、站桩确实体现在静上,但不能因为表面的静而落于"死气沉沉",外看似静,内里要活泼些,这种活泼不是故意的,而是静中生出来的。练拳是动的,但不能因为表面的动而变成浮,外看似动,内里要清净。这种清净不是想当然的什么都不想,而是一心不二,彻底沉浸于动静开合之中，周边景物、声音、香嗅等都不能扰我的感知，就是静。

犹如月映水中任它映，我自不动痕无踪。外界不是没有动静，也不可能没有动静，只是我心不受其扰，这也是功夫。这就是内功上所谓的"静中触动动犹静"。眼耳鼻外窍闭住，精气神三宝不流，身体不想好都不行。没有这番功夫，"心肾交"是不可能的。

"心肾交"是太极拳内功的一大奥秘，属于修道的古法范畴。太极古法内功修炼离不得三个条件：风、火、窍。若不懂风、火、窍是什么，则练拳、练功、站桩、打坐根本没有什么实用性。

## 十六

## 练拳似摸水中鱼　拿腰带胯步轻移

也不知道人们从什么时候开始,只要见到打太极拳的就说好像是在"摸鱼",意思是慢吞吞的毫无力气。有的人听了后会很不高兴,认为是被嘲讽了。其实,大可不必生气,甚至反倒要偷着乐才好。因为,"摸鱼"就对了。

"摸鱼"也是有着极深的门道的。我学拳的时候,师父郑昭明先生就总是提醒我,练拳要轻灵、要匀缓,不可着急忙慌。

记得有一次我去天津,师父在公园里修拳,反复提示要松腰落胯、拿腰带胯,要把这个胯充分地"走"到那个胯上去,再顺势拿脚迈步才行。

我虽记在心里,做得却总不是那么回事。师父就说:你看到湖里的水了吗?练拳得像在水中趟着走,不许单独拿脚,不许高抬高放,不能让水起花。师父的比喻极为生动形象,让我不仅将这个比喻牢记在心,也有了一个可以时常暗自揣摩对照的标准。

其实,这种效果就是腰胯上练出来的功夫。什么时候能做到拿脚迈步,乃至周身之动犹如在水中不起一点浪花,才意味腰胯的走动符合标准了。

若要往腰胯的这种功夫上练,则必然要像摸鱼,不许快,只能慢。要把胯充分地走到位,才能一胯带一胯,进而顺势带动膝、踝、足、趾离开地面。

落脚的时候要从脚跟或脚趾开始,依次逐渐匀缓地落实,再落踝、落膝、落胯、带胯、松腰、沉气。

这不像像在水里"摸鱼"还能像什么？只是这和慢吞吞绝对不一样，前者为本，后者为末。另外，不仅下盘要像"摸鱼"一样，上盘的两个手也得这样。

练拳的时候和在水中"摸鱼"一样，两手不能乱动。你多动一点，鱼在水里就能感觉到。要想摸到鱼，非得聚精会神，体松气沉而不可，直到和鱼接触上的一瞬间，再骤然发力，还得是一种暗力、闷劲才行。

我师父郑昭明先生常说，无论推手还是动手都要争取做到和对方合为一体。只有合为一体，才能坏其速而无疑，才会打得对方莫名其妙、后知后觉，否则对方也会随时变化而让你无机可乘，打人、拿人、发人就显不出奇妙来。这和"摸鱼"的道理一样，如果你摸到鱼身上了，它还没有察觉，好似你不过是它身体的一部分而已，那你就胜券在握了。

怎么被抓住的，它自己都感觉莫名其妙。这就是太极的以我之劲入彼之劲中的功夫与奥妙。被功夫好的人莫名其妙打出去的都是这么个道理。被打出去的人好似是鱼，打的人不过是掌握了"摸鱼"的功夫罢了。

武禹襄先生于"四字诀"中说道："敷者，运气于己身，敷布彼劲之上，使之不得动也；盖者，以气盖彼来处也；对者，以气对彼来处，认定准头而去也；吞者，以气全吞而入于化也。此四字无形无声，非懂劲后，练到极精地位者不能知。全是以气言，能直养其气而无害，始能施于四体，四体不言而喻矣。"

实际上，他说的就是粘黏连随里的粘。这就犹如膏药敷在身上一样，合为一体了，甩都甩不脱。

练拳如何才能练出如膏药敷身般的功夫？非养气不可。气不养则无，养之方能有，有之而在行功走架当中将其运布于四体百骸，久而水到渠成。若问如何养气？非周身手足犹如"摸鱼"一般地松沉、静缓而不可。无论是手是足，虽动却不起一点浪花，则为气之不养而自养是也。

吕祖在《百字碑》中有言："养气忘言守，降心为不为。动静知宗祖，无事更寻谁？"此亦练拳直养之妙道是也。希望大家从此时此刻开始，都以练拳如"摸鱼"为荣，以"摸不着鱼"为憾。

## 十七

## 眼藏神来精在耳　前看一寸后听三

当下练拳者多如牛毛，有成者凤毛麟角。原因何在？不是功夫未下到，而是功夫下得不是地方。在过去，用毛笔写字是工作需要，但能成为大家者也仅仅若干，到今天，即使人们刻意临摹苦练，可真能成为腕儿的，仍然少得可怜。太极拳的情形又何尝不是这样！其实，究其所在都源于眼高手低、心浮形糙之病。

譬如练拳。动作的大开大合俨然成为了今日趋之若鹜的一种时尚风气，而这也是练不出功夫的关键之一。古人有"圣人传药不传火，火候从来少人知"这么一说。

什么意思呢？师傅可以教你每一个动作，但是，不会告诉你每一个动作的劲走到哪儿合适。所以说"火候从来少人知"。因此，我们也就看到了现在的人练太极拳，动作开展的程度非常糙，而这种糙最终也就形成了操。功夫是结果，也是效果，但都是果。果来自什么？来自因，种什么因得什么果。所以，太极操就是源于练习中的糙，而这种糙的体现就是不知何谓拳也！

拳者，技击之术，自卫反击之用也。不如此则不合拳之名，而只能算是身体运动罢了。所以拳里的每一个动作都必须按照自卫反击的原理去练习。因此，也就有了"眼看梢节一寸，耳听背后三分"之说。

这里面太复杂的内容不说也罢。你只要记住，一个动作完成的时候，绝大部分都是发放的目的。因此，你要进一步地意识到，这个动作是要打到对方的身体上的，这就是拳术的目的。那么，这是一个什么效果呢？是瞬间的效果，是瞬间的周身叫整、惊炸崩弹、冷脆透体的效果。

这种效果不是推人。推人用的是长劲，人出去了也不脆。打人用的是短劲，人倒下的效果想不脆都不可能。所以练拳就要往这种效果上去练。那么，练的时候就要做到眼看梢节一寸，耳听背后三分。

这么去练，精神就有了，劲就上身、上手了。看到这儿你也许会在心里打一问号，有那么邪乎吗？我告诉你，一试即知。

神在眼、精在耳。眼看一寸，耳听三分，则精神就在这一寸三分的地儿上产生作用。精神在哪儿，意气就在哪儿，所以身上、手上就感觉热乎乎的来劲儿。这种练法不仅对练出功夫好处多，就是对养生也是大有裨益。

一寸有多远呢？一寸相当于3.3厘米，33毫米。那么，三分呢？三分只有1厘米那么短。精神在动作之形上就是往这么大的地方去作用的。那种瞪大眼睛往前看，后面连管都不管的练法，和拳不沾半点儿关系。功夫，不是那么练的！

## 十八

## 练得只剩俩脚掌　足下生根周身畅

想练好太极拳，必须要重视基本功的习练。我所说的基本功是指培养松、静这一类的内容，而不是练肌肉、练力量。

太极拳的劲力是哪儿来的呢？我之前也不止一次地讲，其依靠的是地面的反作用力。反作用力源于作用力，人体对地面的作用力有多少，反作用力也就有多少，而身体松得越好，向地面作用的力也就越充足。

这个道理必须要明确了才好坚定地执行，否则一辈子也是练不对太极拳的。所以松对练对太极拳、及早见效是很重要的，但是松对于很多人而言却是很难做到的，这和一开始没有认认真真站桩而直接学练太极拳是息息相关的。

我们很多人学太极拳一上来就想在几十年形成的习惯基础上直接入手，这是目前太极拳界的一个普遍现象。很多教拳的人不知道是不想说，还是不懂，就这么直接教，这是不对的。因为干什么都不能跳级，想要走就得先学会站，学太极拳是一样的道理：得先站桩。

站桩的第一步必须先从理顺开始，使原来杂乱的身体通过调理而变得顺畅。肌肉的感觉是松开的、向下的、轻松的。最终站对的感觉就像只剩脚掌了。在这样的基础上再去盘架子。脚下的感觉逐渐练出来了，形成习惯，习惯成自然，在和人推手的时候自然而然就具备用脚接手的能力了。

在老谱上有"拿住丹田练内功"之句，所以有人练太极拳就总是爱在丹田这里琢磨。而丹田气又是一个让很多人都非常感兴趣的事，觉得它很神奇，为了追求它而刻意为之。因此，有的人教太极拳就投其所好地教授丹田怎么转，这其实是不对的，这属于本末倒置了。

其实，能松到脚下，会用腰了，丹田自然会有气。这个气也仅仅是松到什么程度的一个体证罢了。能达到这个程度，再将神、形、意、气都合到一块，然后在反反复复地节节贯穿中就能逐渐把劲路打通。因此，要在会松的前提下练劲路，而后进入推手的练习才能事半功倍。

推手是行功走架（练拳）效果的一个检验。站桩练的是静中求动，动中求整；盘架子练的是动中守静，静中求灵。盘架子的动没有松到脚下的功夫作为基础，周身就松得不纯，就与平时状态下的练拳没有本质性的区别。因为站桩是不动的，所以用不上腰，用不上腰就无法折叠转换。拳谱上说的"进退须有转换，往复须有折叠。"是练拳的特有所在。所以站桩有盘架子练不到的东西，盘架子也有站桩练不到的内容。

有很多人把推手当作胜负而去角力，一上来就做势把对方按死。这已经不是推手的规矩了。这就好像两个人下象棋，对方象能当马使，车能当隔山炮，士能过楚河汉界，你如果还规规矩矩和他玩，你肯定输。其实，太极拳在动手的时候只需要两个东西：第一个是破坏对方平衡使其形成背势，我顺人背；第二个是叫整对方形成死力，我活人死。

但推手的效果是离不开桩功与拳法的练习的。如果把拳法的姿势多变比作枝繁叶茂，而树木无根则不能存活。水不能无源，树不能无根，练拳不能脚下没感觉、身体不通畅。脚下有了，身体基本也就有了，只是时间的长短、境界的高低不同罢了。

兴许有人会想，坐着是否也能练拳练功呢？能的呀！可你得有我之前说的站桩站得感觉只剩下俩脚掌了的程度，然后通过练拳把气在周身走满，日子久了就可以换个方式练拳、练功了。这属于气练的层次，必须基于体练，是身体全部打通之后的自然效果。行拳是要向着"以心行气"去发展的。

正所谓"一层功夫一层理，一层不到一层迷"。太极拳是一层一层往里练的，越级习练肯定不行。身体上若没有相应的感觉，你以为的也就都是错的。这东西不是想出来的，是老师真教，加上自己真练练出来的，所以有"任君聪慧赛颜回，不遇真师莫妄猜"一说。

人体是个非常精密的结构，也是非常有意思的"内世界"。如果把我们人体"内世界"的奥妙比作空中的无线信号，那么，你如果不使用信号接收器而想直接接收，则永远都是痴心妄想、望"号"兴叹。所以练拳要想见效，必须要合乎其理其法。而能否练出只剩下俩脚掌的感觉，是接收"内世界"信号的关键。

# 十九

## 松腰落胯气贴背　　虚实分清轻重明

架子好看，一用却不是那么回事，这种情况现在并不少。真动手，一下子就暴露出许多问题。我这里说的是真动手，而不是"说手"。什么是"说手"？你这么来，然后我怎么用，有什么效果，这就是"说手"。可实际情况中谁会按照你的要求来出手呢？

速度、力度、角度等不同条件发生了变化，用同样的招式去应对是一点用也没有的。用我们祖师爷的话说就是"不能用死方治活病"。"说手"是一种教学方法，通过"说手"让学习者知道劲怎么走，手法、身法、步法怎么用，这本没有什么不好。可若是把"说手"大肆渲染为动手的效果就不对了。我们打个比方，如果没有军演，直接就实战，效果肯定不行。可如果把军演当作实战，那更是千错万错。

正所谓，外行看热闹，内行看门道。先出手的不为能，后发却可先至的才是高。真正的太极拳是能做到这一点的。现在很多人把太极拳想得、说得、练得都过于玄虚化了。其实，想练好它的首要条件就是得练对，需要在此基础上再持之以恒地按照程序去练。没有练对是练不出效果来的。

什么是练对？即必须要在体上好好地打磨一番，就和盖房子打地基似的。可现在好多人练拳时都比较急躁，反过来还怪太极拳不行。很多人对精、气、神，神、意、气好奇得不得了，也有些人教拳直往这上边说，好像不这么说就显不出自己的高明。这是不行的、不对的。练拳时必须要在一些实实在在的关键点上练对、练到才行。

过去有"练拳如坐板凳"一说。但很多人的架子很低，使臀部也跟着下去很低，这就不叫作坐下去了。坐下去指的是松腰落胯，没有松腰落胯则必然是紧而不松的，不信一试便知。练太极拳违背了松就肯定是不对的。

"腰松胯落大裤裆"，说着虽然不太好听，但还真就是这么回事。练对了、练到时候了，腰胯自己就会往下"打出溜滑"，你是托不住的。你也不爱把它提起来，一提起来就会浑身不舒服。练出这种状态，下盘的根劲也就出来了。

有根了，全身的气就能缩回来了。这个时候就初步地解决了手爱单独使劲的坏习惯。我管这个现象叫作依止。有了依止就会舍己从人，反之则会想当然地乱动。

练太极拳有背弓劲一说。练对了，背后的劲就慢慢出来了，这一点儿也没有错。练对了，无论是对形意还是对太极都是这么回事。太极拳的老前辈在古传古法当中称之为"气贴脊背""力由脊发"。

太极拳练的是一条腿的功夫，为什么呢？因为太极拳的每一个式子都要做到阴阳虚实分明。古传《太极练法十要》的第一条就是分虚实。分虚实不是做样子，而是一动就要在脚下分出单轻单重来。每个式子里都是这样的。

虚实必须交代得清晰才行。下盘能虚实分清，重量落实得明确了，整体才能随之做到虚实分明，所以放到一条腿上是非常对的。做不到这一点的可真得用点儿心了，平时松不下来和这个还真就有很大的关系。

能分清虚实，练拳才不会双重。双重这个现象很普遍，练太极拳双重不行，是病。双重这个病在推手上体现的是两个人互相较劲，没有化、化不了，这就是个人的功夫能力问题。练拳练什么呢？练的就是这个使用时的功夫能力。

王宗岳先师说："欲避此病，须知阴阳。"所以，练拳的时候自己得先把阴阳虚实分清了，不能阴阳不分、虚实不清，否则必然就会双重。只有分清阴阳虚实才能轻重分明。轻重分明是周身的，不是一手一足、一招一式的，是在练的时候无论是两侧的手，还是胸与背，或是以腰为上下分界线，都要分出阴阳。那么怎么分出阴阳呢？那就是我说的这些地方不能互相较劲。较劲就是双重。要轻、松、顺、活，得往这上面去练。

方法对了，每日坚持不辍，有个三五年就基本都能做到了。这已经很快了。有了这样的变化，具备了这样的能力，身体将会受益终生，练的拳将品味不尽，学什么太极也都信手拈来。

## 二十

## 降龙伏虎须手段　内外体用要知全

在我接触太极拳近30年的岁月里，见识及听闻的太极拳可谓不少，其中有一种叫作"龙虎太极"的。乍一看这个名字，难免会有人说故弄玄虚，斥为怪谈。实则不然。

龙者，脊也；虎者，胯也，都未离开习练中的实际。既然如此，为何不直接说脊胯太极，反言龙虎太极乎？实则此中寓意极为深远广大。以龙虎寓腰胯，而不直接以腰胯言之，实乃象形取意是也。

有的人或许知道练太极拳要有背弓之力，还要做到松腰落胯，但真做到还是比较抽象的，不好掌握。而若以龙言脊，我们就可以从龙的行云之姿上拿捏好气贴脊背、力由脊发的节节贯穿感；而若以虎言胯，我们就可以从虎的坐地之姿上明白落胯要做到的样子——尾闾内收、臀部内敛。

类似上述的比喻及效果实际上在太极拳的习练中比比皆是，如迈步如猫行、运劲如抽丝、形如搏兔之鹘、神如捕鼠之猫等，无非都是象形取意罢了。另外，练太极拳不仅仅是身体部位上要有变化要求，正所谓易筋、易骨，还要易髓，所以还要在内功内气上与其匹配。没有内功的太极拳只能叫作空架子。

古传太极内功练法有云："龙从火中出，虎向水中生。"火者，心气也；水者，肾气也。心不静则戾气生，肾不宁则精气损。唯有降伏心肾二气，太极内功修炼方可下手有望。故亦曰降龙伏虎是也。

民间有一句俗话叫作"是龙你得给我盘着，是虎你得给我卧着"。这就是降伏震慑的意思。从中我们可以想象得到这是什么样子与意思。

如果我们说"是心你得给我降着或者盘着，是肾你得给我伏着或者卧着"，既说不通顺，也让人难以想象要做成什么样子。所以在内功修炼上用龙虎之名来加以形容是为了便于习练者领会怎么去做。

《易经·乾卦》中说："云从龙，风从虎。"龙者若天上的云，变幻莫测；虎似世间的风，呼啸迅猛。由中可知，在打法上，即用法上，既要手法、身法、步法变化灵活，同时速度和力度也要迅猛。二者要相互结合，缺一不可。

而其之能，若离开了此前习练当中脊背这条大龙的盘旋弹崩，腰胯这只猛虎的纵跃扑射，加之心肾这龙虎二气的能量加持，是根本实现不了打击效果的。因此，无论是在练法上还是在打法上，无论是在部位上还是内气上，以龙虎二字概括全部，实乃古人的大智慧。

其既形象地说明，又概括地全指，这就是龙虎太极名称的由来。所以焉能以故弄玄虚、斥为怪谈而一语蔽之乎。

任何太极拳符合以上理法皆可为龙虎，不合乎以上理法，也仅仅是徒有太极之名罢了。正如杨家古传太极老谱《太极圈》所言："能如水磨催急缓，云龙风虎象周全。要用天盘从此觅，久而久之出天然。"

真正的太极，永远掌握在少数人的手里！不是懂的人不说不教，而是太多的人心中的那条傲龙目空一切，身中的那只暴虎不可一世！所以说，拳里拳外，降伏不住龙虎，怎能练得好太极？！

# 二十一

## 松软练活九曲珠　以腰为轴要突出

　　习练太极拳的人都知道练拳要松。松是一件对人们的身心健康颇为有益的事情。但怎么松才是太极拳的松？这个问题有人曾专门著书谈过。我个人认为研究太极拳的松是非常有必要的，但是用一本书的内容来说松，则实在有些矫枉过正了。所以我力求通过这篇文章尽量将松阐释得简而易懂。

　　说到太极拳的松，绝非放松那么简单。如果只是放松，那么在盘架子的时候就会出现散和懈的情况。松散就是周身各处合不到一处，互相说不上话；松懈就是丢了掤劲和顶领劲。可能有一些拳友会说，习练太极拳不正是要求松松的"用意不用力"吗？是的。习练太极拳的确有这样的要求，也要做到这个要求。但是，我们要搞清楚是怎么不用力。

　　从人体运动解剖学来看，无论是在静立的状态下，还是在动态的情况下，人体的不同肌肉群总会有参与做功的部分，否则，人就站不住或者无法运动，肌无力症者就是一个很好的例子。而只要是肌肉做功就必然存在力的成分。那么，太极拳在盘架子时也就不可能不用力。

　　它的这种用力最难做到却又必须要做到的是必须用恰当的力来完成支撑与运动，也就是相关联的运动肌要彼此相互调整到最佳的相互作用状态。这就是为什么在体练阶段要注重平衡的意义所在。平衡就是度，就是中，就是无过不及、不大不小、正正好好。练太极拳难就难在这里，关键点也在这里。

这种松松的力感在静态时相对易于感受和掌控，可在动态时就极不容易保证其质量了。因为人体在运动过程中，地球对不同式子的中心、重心的引力影响会随时随地出现，而人体为了对抗这种影响，出于本能，难免会生发出力来平衡身体的姿势，这样，先前那种松出来的劲就会受到干扰、破坏，进而就不由自主地形成了僵硬感，尤其在初学者的身上体现得最明显。僵硬肯定是不对的，所以在练拳时得让自己变得松软才行。

软不是疲软，而是柔软，是相对有棱有角的硬而言。练拳要练得周身如绸缎般柔软才好。柔软者，动作柔和绵软也。能柔软则有益健康、有助长寿。所以老子说："专气致柔，能若婴儿乎？"

体柔才能气柔。体怎么柔的？就是把关节练圆活了。练太极拳时周身都要如万向节一样圆活顺遂，关节僵硬是无法做到的，所以就得将各个关节练圆活了。这种圆活给人的感觉是软绵绵的。所以松针对的是肌肉，软针对的是关节，能松能软才能做到催僵化柔。

关节是指骨头与骨头之间的连接处。关节的外层是一个叫作关节囊的结缔组织，里层是一个覆盖有很薄的光滑软骨的关节面，在关节面和关节囊的中间被包围的是关节腔，腔内含有少量滑膜液，能使关节保持湿润和顺滑。所以关节具备很好的转动能力。

但是，人们在后天的生活工作当中，无论是体力劳动还是脑力劳动，都会使自身的某一关节或者某些关节的转动本能受到了限制，甚至退化。这些问题一般体现在关节的炎症上，而在练拳当中则体现在动作的不灵活、不圆润、不协调上，这些都是习练太极拳的弊病。只有把九大关节处的韧带渐渐地活动开，关节的转动范围才会加大。每个关节处的转动范围和量加大那么一点儿，对自身功夫的增长都是出乎意料的巨大。

九大关节在松的状态下保持处处都能圆活地转动，圆活得就好像九颗珠子、九个大小齿轮一般协调地转动，在外部看来练拳就会呈现绵软柔滑之态。武禹襄先生在《十三势行功要解》中说："行气如九曲珠，无微不至。"这虽然说的是行气，可在初级阶段也可以说指的是关节。要知道，太极拳的气和体是分不开的！体若在运动开合之中不能绵密如珠，则气亦不遑论！

九大关节在拳式里的运行好似齿轮的效果。因关节有大小之分，所以九个关节在运动当中根据圆周的不同就必然要有转动快慢之分。大齿轮转一圈，小齿轮就可能要转两圈，这样才能做到"一动无有不动，一静无有不静"的练拳要求。可如果就此而在各个关节上去研究应该是什么样的速度就错了，一是不可能照顾得过来，二是容易顾此失彼。所以，正确的练法是保证放松、柔和、圆活，然后"刻刻留心在腰间"，则周身的关节就可围绕腰这个主齿轮协调地动了，就不用管哪个先动，哪个后动，以及动多少了。

练拳为什么要动静划一呢？就是为了求整。不整，化的就不干净，发的就不干脆。而九大齿轮转动的中心是腰这个齿轮，其他八个齿轮只有以腰这个齿轮为核心，才能上下衔接、贯串完整。

腰为主宰、以腰为轴说的就是这个。因此，无论是动作的开展，还是动作的蓄收，上下的八个关节都要做到通过腰来进行等速的呼应，这是过去武术界赋予太极拳以"太极腰"这一美称的根本所在。

## 二十二

## 无形有意皆是假　明晓中字方为真

老谱说得好："无使有缺陷处，无使有凹凸处，无使有断续处。"即练时要松静安舒，外观似小河流水连绵不绝、延绵不息，内里之一气贯穿则如冰下流水、潜移暗行。如此，外方能圆活顺遂，内则可敛气入骨。

一动之时，先要分清脚下的虚实，始能轻拿轻放、收放由心，而后才可松腰转动，通过腰的折叠将实腿松沉的反作用力放到手的梢节上去。式子的折叠往复必须要在手、脚、腰三者之间形成有机的联系。

如果手是手、脚是脚、腰是腰，或者顾此失彼，功夫就是散的。要一动无有不动，一静无有不静，才能练出太极拳的整。手、脚、腰总须一气贯穿，要一抬脚、一动手，内里就好似有物一般的互相关联着，而非一肢一体之浅薄运动感受也！如此，则能渐渐感知元和内运之妙。

太极拳是形和意的拳、是身和心的拳、是外和内的拳，偏重哪方面都是不符合要求的。很多人练太极拳不是偏于外形而轻意，就是侧重意气而轻形，这怎么可以呢！正所谓："一阴一阳谓之道，偏阴偏阳谓之疾。"

我告诉大家，想练出太极拳的内劲首先形上要对，然后意附着于其上，气随之而再和之于内，此乃"三家相见"之谓是也。不如此则无生成内劲的可能。所以体练是第一步，意气练习是第二步。试想，如果拿笔的姿势都不正确，就直接谈笔法的运用，那能行吗？因此，在练法的次第上，形要在意气之前。

接骨斗榫，是老辈人传下来的，说的是练拳的时候关节要对上。怎么对上？就是关节和关节之间要能对接得恰当，而不是那种僵硬的姿势。比如马步桩在腰上折叠得棱角分明的话，那就折了。一折了，劲就跟着断了。

太极拳不是这样的练法。它首先要建立在形的顺遂完整上。练的时候，关节上都折了、形上都断了，再有意也没用。如果形无所谓，只是意有用，那么又何必练太极拳呢？直接坐在那里练神、意、气的功夫不就得了！

在体练阶段，意不要管气，管的是形。到了气练阶段，形已经定住了，一动都很自然、合理了，意再开始管气。而意的纯度取决于神，所以练拳一定要全神贯注。把道家对形、神、意、气的属性研究运用到太极拳里有事半功倍的效应。

到了气练阶段，就可逐渐体会到杨澄甫先生所说的"所谓虚者，非空，其势仍未断，而留有伸缩变化之余意存焉。所谓实者，确实而已，非用劲过分，用力过猛之谓"。李亦畬亦谓："虚非全然无力，气势要有腾挪。实非全然占煞，精神宜贵专注。"二者可交相启迪。即所谓欲要破坏彼之重心，先要安舒我之重心，欲不让彼破坏己之重心，须能在变化中保持我之重心是也。

练拳时，要在动静之间处处向着"无过不及"做。如此的内劲自然也就是"无过不及"的内劲，这样的内劲才是中和的，其小无内、其大无外的。能"无过不及"就是中和，就是太极之态，练的才是纯正的太极拳，才能在练出纯正太极劲的同时，具备极灵敏的听劲能力。需要息心体忍、默识揣摩、勤习默会、日积月累，方可有这番成就。

随着功夫的日渐深入，在练拳的时候要能够感受到在躯体当中有一根无形的中轴，在气练乃至神练的阶段，每一式及式与式之间的变化都要围绕这个无形的轴来动,不许有丝毫的偏倚。这是很奇妙的一种感觉,得练到了那一步才能感受到,直接想象着练是不行、不对的。

  光练拳还不行,到了某一个程度还要练推手。推手的时候不要因为进手(进攻)而过于进入对方的圈内,因为在功夫好的人面前,你看似得势得手,可对方却能很容易变被动为主动,陷你于危险之中,这就是功夫和能力,太极拳练得就是这个本事。攻而不被其乘,必须要先他一步。这离不开一个快字儿。正所谓:"彼不动,己不动,彼微动,己先动。"

  推手的时候要尽量让对方时刻在自己圈的外沿儿,即使对方摸了进来,仍要在小圈里面将里圈变成圈的外沿儿,保持住中定,得机得势的情况下再出击,才不被动,才能做到变被动为主动。这仍不失一个快字儿!快是王道,但要快得合理、适机。

  我们练太极拳讲究以柔克刚。以柔克刚不是不使劲,而是顺其来势,引对方落于我之虚处再发他,即所谓的彼刚我柔谓之走,引进落空合即出。

  这种拳练对了,到了一定的时候,就能感受到身体里总是有一种说不明白的东西存在,似有似无,时痒时酥,欲抓之而无有,欲漠视之而又存,沉浸于其中,当真是别有一番滋味。

## 二十三

## 古传功诀多仿形　　起如挑担行槐虫

"横看成岭侧成峰，远近高低各不同。"同样一件事物，处在不同的角度，看到的可能是不一样的。你在上面看，我在下面看，这不叫高下立判。谁看得多，谁看得全面，谁能把它看透，这才是能人。你不服也不行，事实胜于雄辩。

2018年我去四川成都培训，学生们建议我讲一堂公益课。到场太极拳爱好者们有一百余人，场面也蛮火爆的。

期间，我对"到底什么是太极拳""到底怎么练太极拳""说一说古传太极十三势"做了三个方面的示范讲解。其中，"现在练太极拳的人多，但会松腰的少，到底松腰指的是什么，怎么松腰""练拳蹬地之力和借地之力为什么不是一码事，蹬地之力为什么是不对的，以及怎么借地之力"等让大家感到脑洞大开、受益匪浅。

当说到"裆走下弧"这个重要的练拳要领的时候，引起了大家的广泛兴趣和疑问。疑问在于，我们平时将圆裆和保持在一个高度的运动称为裆走下弧，这是一个普遍的练法习惯。但我指出了大家根本性的认知错误所在，即裆走下弧，指的是一个式子的完成以及式子和式子的转换必须在呈现下弧形运动过程中完成，这才是真正的裆走下弧。

譬如这个"⌣"即为下弧形。当我们从一个端点向另一个端点运动时必须经过弧底才是对的，最终定式的高度仍然要和初始没有什么不同。整个过程既体现了逢转必沉的要领，又是一个圆活顺遂的运动轨迹，这就是传统太极拳所谓的"飘飘荡荡浪里钻，上轻下沉不倒颠"，行云流水、陆地行舟都是如此。

何为秘？核心的，你不知道的即为秘。但我说出来了，你却不信、不练，那么太极拳对你来说就仍是秘不可知的。所以说来说去、学来学去，最终就一个字，练。

譬如，"行如槐虫，起如挑担"，练拳做不到这两点就必然是极为粗糙的，也不会是浑灏的。又如"迈步如猫行"，这说的是拿脚迈步要既轻又灵。再如"如履薄冰"，这说的是出脚要步距合适，不能轻易把重心带跑了。这都是古人为了让后来人能更好地理解和做到，煞费苦心地用日常生活中能够看到和体验到的事物作为练拳的比喻。

"行如槐虫"指的是节节贯穿的走劲，是较之"劲起于脚，发之于腿，主宰于腰，形于手指"的更为细腻的动态描述。这个运动过程就像生长在槐树上的那种虫子一样，呈现出来的是一节节的蠕动前行。"起如挑担"则说的是一个整字，是能把人干净利落地发放出去的一个重要因素。这些都是有具体练法的，绝不是我们会打一套太极拳，每天练习就能练出来的。

练出功夫并不难，难就难在得法。练法不正确，别说拳打千遍，就是拳打终生也是毫无所得的。那么，法到底是什么？就是功法和技法的简称。技法体现的是拳，功法又是技法发挥的重要保障。所以说，练拳不练功，到老一场空。功是功，拳是拳。不练内功，太极拳也就不合乎内家拳的称谓了。

# 第六章

## 妙笔生花太极文　字字千金启迪心
【即心】

# 一

## 人身难得今已得　太极难闻今已闻

人身难得今已得，太极难闻今已闻。若不向此推求去，更向何生度此身。光阴易逝早修持，祸福无常不可知，世间时光弹指过，生命能经几堕落？勘破玄妙呼吸间，眼观红日降西山，诸事历尽再回首，岁月重头难上难。大道至简最方便，莫把枝叶做根源，但教法理无妄论，何愁付出空费闲。

——《太极大道偈》

一首偈，大家切莫把它看成过眼云烟，不以为然。正所谓："大道教人先止念，念头不止亦枉然。若不识得此中意，纵有妙法修亦难。"

太极是大道，非小术。大道者，直指本源。本源者，心也；小术乎，流于法末，法末者，巧也。正所谓，凡有所相，皆是虚妄。不于本心清净上下功夫，反欲投机取巧从中得真诠，此乃颠倒妄想，绝非正见、正信、正行。

习练太极莫仅仅局限一拳耳！靠着看谁拳头大来说话，看似服人，却难服心。正所谓，得人心者得天下，失人心者失天下。故练法有曰：借假修真，存乎一心。

什么是假，怎样又是真？拳是假，心是真。借假修真，方得其根。故谓：练太极拳者，用意不用力。用力练的则非太极拳，只因道不可以力求，于力上亦不能得。凡是修行，都是返观内视见真景，悉心体认觅本源。而非使劲用力向外求得。若可得，芸芸众生日日如此，长年累月，人人早就得道了！

　　真正的太极行者，借拳修道，借体修心。不明这个，练一辈子太极拳，也终究是在我执、法执上不得究竟解脱。执者，必迷。迷而不自知，岁月空蹉跎！个中玄奥学者要细细思量。

　　都说身体是革命的本钱。没有命，难见性。合乎于道的练拳即为保命延年之法，添油续命之灯。而一切最终都离不得那个灵性。

　　人的身子是最难得的。因为，身子消亡了，人的生命也就没有了。

　　人身难得，本性难求。正所谓："性无命不立，命无性不成。"儒曰：修心养性；道曰：炼心合性；佛曰：明心见性。太极拳无论如何也是出不了这三教范畴的。故三教之根本，焉非练拳之根本？

　　身中藏命，心中蕴性，大道正法，唯安身以立命，清心而达性。除此皆是阴阳偏而不全，不合太极也，不能真正得证彻悟。正所谓："只修命，不修性，此是修行第一病；只修祖性不修命，万劫阴灵难入圣。"

　　"人身难得，中土难生，正法难遇。全此三者，幸莫大焉"。练我李氏古传太极之人一定要记住这三条。中土就是中国，正法就是道，就是太极（不是太极拳）。这是只有我们中国才有的天宝。得人身、生中土、遇正法，只此一地，别无他家。

　　法是入道的钥匙，拳是悟道的阶梯。道是什么？就是平和、谦虚、放下、淡泊。练太极拳不怀着这样的心、如此的念，不随着修行生发出这样的心、如此的念，还在我行你不行，你输我赢上计较，这和人世间的争名夺利又有多大的不同呢？练太极拳为的是修身养性，而不是得利扬名！

　　所以说："大道教人先止念，念头不止亦枉然。"得人身、生中土、遇正法。若不仅不以为意，且日日追名逐利。父母给予你健康的身体，你却不知道珍惜，而肆意挥霍，这怎么行呢！所以说，念头不止亦枉然。你的人身来这世上就白活一回了。

另外，你纵使学了太极拳，却仅仅把太极拳当成一种运动，甚至成为你争先恐后参加比赛炫耀的资本。在这样的念头下你当然永远不会知道什么叫作以拳入道。这就叫："怀宝不自知，仙佛空措叹。"所以说，打拳教人先止念，念头不止亦枉然！

当我们明白了练太极拳只有首先做到了放下，然后才能在身体上有着不同的感受。那么，你就与道相近了。古法曰："道不远人，人远道矣！远与不远，无非一心尔。"正所谓："先在心，后在身。身虽动，心贵静。"

心能静，方能在运动当中有微观、微妙的感受，才能相应地调节、掌控你练拳的各个方面的法度，阴阳才能交媾，水火方可既济，体内气血充盈鼓荡，心识安舒，神气交感，周身泰然，痼疾沉疴得以调节，甚至根治。此为玉液炼形的效果。

玉液炼形是添油续命、敲竹唤龟的后天保命法，虽不能得真正究竟涅槃，但却是得真正究竟涅槃的基础。没有玉液炼形就无从谈及金液炼形。唯有金液炼形才能脱凡胎、换真骨。才能转识成智，化阴神为阳神。不得金液点化一身之阴，仍不过是在后天色身上穷劳碌。

这正是："阳里阴精质不刚，独修一物转羸尪。劳形按引皆非道，服气餐霞总是狂。"故，练太极之拳不可只于外在形体上用功夫。这正如做人做事不能只在表面上做文章的道理一样。万般诸法、世间万事，皆离不得心中的那一念。没有这一念，你就放不下、想不开、理不清、路不明。

《易经》开篇说："穷理尽性以至于命。"太极是大道。若理不穷尽其义，怎能见其根本质性，不从根本入手，不围绕根本去做，不行！修佛者有曰：一念成佛，一念成魔。故习练太极拳，须知其乃借假修真，以拳入道之径。不存此心、不知此义，练者无非都是白白浪费光阴矣！

## 二

## 堪怜雨露生成力　借得乾坤造化机

　　自盘古开天辟地，破混沌、启鸿蒙，经无数岁月氤氲，万物生、轮回立、人成形。庸俗不知古人意，笑指唯心，谴言迷信。其却不知，自己已经离道越来越远。古之传说皆有深意，怪就怪其不解其意。譬如，人在母体受孕伊始，不食不饮、不思不言，是谓混沌鸿蒙。渐而成形至十月胎圆降世，破开胞衣、伸展手足，是谓开天辟地。故盘古者，乃人之寓意是也。

　　从古到今，无论练拳抑或修行，若没有雾里看花不是花，水中望月月非月的本事，请切莫提"成就次第"四个字！孔圣人说："三人行，必有我师焉。"实际上，可为我师者，又岂止人与人焉。万物可师，师法万物，方能于境界中成就实修，方能实得。古有曰："不入魔，焉成佛。"

　　人有古今之分，拳无古今之别。拳者，如月。古今虽更替，然月之阴晴圆缺，循环往复却未有或改。此为大道之律也。其圆恰如太极之象，其缺实乃太极之形。象者，处处都是圆圈之运动；形者，时时皆要一身背五弓。

　　今人练拳就是练拳，毫无半点拳外的生趣，又如何能体会到内里的那点理趣。这正如同样是赏月，古人能从中吟出"明月几时有，把酒问青天。不知天上宫阙，今夕是何年"的佳句，今人却只是看了一眼天上的月亮，然后该干嘛又干嘛去了。所以说："今人不见古时月，今月曾经照古人。"

　　练拳须知阴阳，不明阴阳不足以识得拳中的理趣，练拳就不轻灵活泼。不轻灵活泼，阴阳就无法相济。不阴阳相济，练至终生亦无懂劲之可能。然阴阳又随缘演化而分五行：木、火、土、金、水。五行对应太极五步：进、退、顾、盼、定。而其中奥妙更多的是在这个定字上。正所谓："退圈容易进圈难，不离腰顶后与前。所难中土不离位，退易进难仔细研。"

拳谚有曰"站如松"。松者，五行之木也。木生长于山上。山者，五行之土也。此乃寓意立身须中正安舒。此中诀窍三句话：脚下踩中、腰上守中、头上正中。能做到处处有中，则外形虽斜也正。诀曰："上下前后左右皆然。凡此皆是意，不在外面。"意者，月点波心一颗珠是也。内外皆中方为真中。所以说："松排山面千重翠，月点波心一颗珠。"

练拳如参禅，须从实处来，不可直接向虚处去。一步一个脚印，踏实、厚道。一心朴实，纯粹不二。此乃专注不贪之功。能精神内敛，不为外部声色物事所动，则一切化为悄然杳冥，如桃花戏流水，来则来、去则去，不动我心丝毫。斯时内里妙趣自生，难以言明。所以说："桃花流水杳然去，别有天地非人间。"

练拳和做人是齐头并进的事。过去有句话说得好：德有多高，功夫就有多高。心眼小的跟个针鼻儿似的，功夫也大气不到哪儿去。学武习艺、礼佛参道，都讲究根脚二字。没有师传口授的自古传承，东一扫帚、西一耙子，练来练去都不会有成就的。无源之水，无本之木，怎么能长久呢！

练功夫的本身也是这么个道理。架子挺漂亮，打起来哼哈有力，气势吓人，但行家一看，脚下无根，气不下沉，都是肩膀的膂力而已，这和修行不正是一样的道理。真正的拳术是步步不离根、手手不离把，否则就都是浮摆，花架子。所以说："浮云柳絮无根蒂，天地阔远随飞扬。"

一个人能在此生和太极相遇并去学习、练习。那真是多少辈子修来的福气。太极绝不是一项运动，而是一门修行，且是这人世间最能下得厨房、入得厅堂的普世共法。因为无论你是行、立、坐、卧，处处都可以练之，而无影响生活工作之虑。太极无法，一动即法。只要合乎其理，则处处皆太极。

所以说，行功走架固然是在练太极，但除了这种有形有相的姿势，平日里也是可以随时随地地进行不着形、不着相的练与修习。关键的所在就是借假修真，存乎一心。"一日内，十二时，意所到，皆可为。"这就叫"一心转处是真诠"。太极从不对我们挑肥拣瘦。你对它如何，它就对你如何，而你从中受到的益处，是花多少钱也买不来的。这样的好事你若再不珍惜，那岂不是太可惜了。所以说："回山转海不作难，倾情倒意无所惜。"

一切的修行，包括太极拳，都是积少成多、积久成真的过程。没有脚踏实地的付出，没有倾尽情感的融入，幻想成就，不啻于白日做梦。积攒的开始必然是微不可察的变化。但最终的显而易见恰恰来自这份微不可察。老子说："反者，道之动，弱者，道之用。"一语勘破万物万法演化的过程。

练拳要得法，且能合理，积久没有不成就的，只是成就大小视综合因素而不同。王宗岳先师说："然非用力之久，不能豁然贯通焉。"体悟、体悟，非由体练开始而不得心智开蒙。只有心中那点灵明显现，方能掌中世界，洞若烛火，见往日不可见之妙趣。所以说："堪怜雨露生成力，借得乾坤造化机。"

太极拳是一门大学问，确实不假。故，不钻研其理，不搞清其义，对于更加深入地体悟太极拳的理趣是多有不便的。《易经》开篇有语："明理尽性以至于命。"言简意赅，亦通用于学拳与修行之上。此正如做物理研究若连"牛顿定律"都不知道是不行的道理一样。所以练太极拳是很有必要先明理，后践行的。

可是很多人却又犯了理多行少的毛病，这就无法实现在身体上具体落实与具备相应的能力。拳谚曰："一层功夫一层理。"理是必须要学与懂的，但得和阶段性的练习相匹配才行，否则，终究是盲人摸象、纸上谈兵，上不得真正的台面。所以说："重帘不卷留香久，古砚微凹聚墨多。"

太极乃我国道家之产物，正如佛法乃于印度形成一样。但二者异曲同工，虽途殊，却同归。皆是直指物本，明见性真。譬如佛言：妙哉，众生皆有佛性。故众生皆有修行的平等与成佛的可能。而太极亦不分男女老少、羸弱病残，一视同仁，道在日常。可为何习拳者多如恒河沙数，成道者却凤毛麟角？无它，皆是乌云遮月所致！

要知道，本性如月、习气若云。诚如三字经所曰："人之初，性本善，性相近，习相远。"故礼佛参道、学拳习艺皆须把后天沾染的与道不合的习气去掉，才能将真如本性显现出来。在道家而言谓之：识神退位，元神主位。单单从练拳上而言就是去人欲、存天理。心比赤子，无私无欲。内知外感自不可同日而语。其实，这本就是我们原有的。太极是大道，拳乃载道之器耳！这正是："云散月明谁点缀，天容海色本澄清。"

# 三

# 太极与禅见恨晚　性命双修尤相怜

"跳出三界外，不在五行中"。这是对修行之人而言的。三界指的是欲界、色界和无色界。众生在不事修行的时候必都属于欲界的生命。欲，就是各种欲望、各种念想、各种感受。它是贪、嗔、痴、慢、疑这五毒的根由所在，众生各种各样的烦恼都是从这里来的。而这些烦恼的解决方式唯有通过修行这唯一的途径方有"苦者我已知，集者我已断，灭者我已证，道者我已修。"的可能。

提到修行二字，大家怕是都会想到在庙的和尚、住观的道士。其实不然。我们应该对"人生就是一场修行"这句话耳熟能详。是的，真正的修行并不在于结发髻、去青丝这种形式上的立意。心若时时明，性自刻刻见，修行能不拘于形式，不囿于刻板，这方是明心上的一丝通透，方有见性的可能。否则，那种与世隔绝一般的修行又与世尊所说的"五趣"之天人趣的没有悲欢烦恼（实则仍是虚妄的欢喜）有何不同呢？

佛经上有曰："人身难得，中土难生，正法难闻。"可见，得人身是多么的不易，所以也就要倍加地珍惜。可惜，很多人完全不懂，固执于己见、浅见、不正见，而生分别心，而着于名相！

我为什么说得人身是极为重要的？若从没有魔（磨）不成佛的粗浅理解而言，其他四趣五道更是磨难重重，岂不是仍具备修行的条件，甚至有更大的成就吗？其实，并不是如大家想的那样。各位于此须知一事，即性无命不立，命无性不成。性就是第八识——阿赖耶识，命就是这个人身。得人身的妙处就在于具备了"缘起"这一重要条件。这是能够即身成就、往生成就的必须必有的重要条件。

且我们由佛法之"缘起论"可知，一切因果必因缘起而得始终，故种何因必得何果。在修行一途不可不以正见而匡扶正行，否则，正行虽有其心，却不得其力！故身心俱不可轻慢方为修行之正见，若有分别便是着相，若有着相则一切修行必归虚妄，甚至误入三途恶趣！

在一千四百年前，吕洞宾祖师在《敲爻歌》当中对此也早已有了定论，他说："只修命，不修性，此是修行第一病。只修祖性不修丹，万劫阴灵难入圣。达命宗，迷祖性，恰似鉴容无宝镜。寿同天地一愚夫，权物家财无主柄。"

故于重心性而轻身行的世人而言，无论是在人身难得一事上，还是中道不二的旨趣上必是错的。以上是从佛法正论而说身心二者不可偏颇的正念、正见之所在。而从修行的根本上来说，正确的修身不仅不会受困于小乘佛教的声闻乘、缘觉乘的断章取义，还极为有助于证悟大乘佛法的究竟涅槃。

其中的法理何在呢？首先，从粗表的道理而言，若人的生命都没有了，也就是身体不存在了，那一切就都是空谈了。就连释迦牟尼的广大智慧都得经过足足六年的修证才见诸法实相，那么众生若无足够的生命时长又如何证悟有望呢？所以修身的重要性在整个修行的过程中是绝对不能被忽视和轻视的。

其次，从入微的实修而言，眼、耳、鼻、舌、身、意乃戒、定、慧三无漏学的根本修持所在。若要见性，必须明心，而明心的关键恰恰就在这六根上。六根不净则为有漏，则必使入定生碍，也就难续佛慧命。由中可知六根清净是怎么个意思了。

六根除了意根，皆属于有色根。有色根指的就是能被众生所见的实际物质。故不于有上下一番功夫，就无法达到空妙上的实相。所以道家南宗张紫阳真人在一千年前的《悟真篇》里就指出："始于有作人难见，及至无为众始知。但见无为为要妙，岂知有作是根基。"所以要提修行，即使佛信众也要从色身上入手不可，此乃最方便切实可行之法，不受上、中、下三根之别。可以说人人可行、个个可证。除此皆是空中楼阁，好高骛远，想得好、思得妙，最终不过是徒劳。须知修行本就应该是一件踏踏实实的事！

若从有色身入手，我说太极实实在在是个最好的法门。为什么这么说呢？察自唐以后，中国佛教八大宗派便以禅宗为第一大宗，自此参禅之人数不胜数。然时至今日，禅修徒众俨然变成了依靠打坐、参话头为主，其与何处不禅、无时不修的旨趣大相径庭。而在古经当中却有"行亦能禅坐亦禅，圣可如斯凡不然。"的妙句。可见行时亦有禅法在其中的。那这种"行功"是怎样的呢？古经中又说："步履之间，不可趋奔太急，急则动气伤胎。必须安详缓慢而行，乃得气和心定。或往或来，时行时止，眼视于下，心潜于渊。"

而这与太极拳的练法要求又完全一致。当然，在公园、广场、竞赛套路上的那种太极拳是算不得数的。真正的太极拳在古传当中亦名"行功走架"。"行功"说的就是"眼视于下，心潜于渊"，这八个字既是修身的切中之切，同时是明心的秘中之秘。而"走架"须与"正合步履之间，不可趋奔太急，必须安详缓慢而行，气和心定。"之言相合相契，若"走架"（练拳）不能如此，则无"行功"（修身明心）之效可言。

禅修之法的根抵是"三无漏学"，这是毋庸置疑、无须辩驳的。禅修的最终目标虽然是要达到"慧无漏"，可是很多人总是爱把禅宗的"慧无漏"认定为就是明心见性上的事情。其实，这就犯了吕洞宾祖师所说的"只修命，不修性，此是修行第一病。只修祖性不修丹，万劫阴灵难入圣"的圣训。其问题的关键在哪里？就在于对身心双运、性命双修的旨趣毫无所知，就在于对阿赖耶识做为性根，与先天祖气作为命蒂的截然不知。

"慧无漏"从何而来？必是从"定无漏"而来。"定无漏"从何而来？必是从"戒无漏"而来。而在戒、定二学问之间还有一个静的过渡。静就等同于净，故六根能清净则自然不求静而能静，能静则渐而能定。真正的太极拳是动中求静、动中守静的。这个静就来自对六根的拿捏处理。所以说，治六根之法，寻静定之功，行禅法门里除太极而别无它法。

但为何习练太极拳者众，得六识归一者稀？大家看一看，现在外面的那种太极拳的练习多是一副眼观六路、耳听八方的姿态。练拳的时候，眼睛瞪得多大、耳朵竖得多高、呼吸作用得多强烈，意识要么不明确如何应用，要么刻意强为，身体不知要往安舒的感触上去做。这么练离初禅、二禅的境感当然不会有丝毫的体会。所以说："行亦能禅坐亦禅，圣可如斯凡不然。"练太极拳若不能与禅法相合、相契则非正道正法。大凡世间的太极拳练法多是与道不合的。

太极拳为世间最上一乘行禅法门绝然不假，但不得正法传授熏习而难入其中三昧也是确真！可以毫不为过地说，若能与真正的太极相遇就是人身难得、中土难生、正法难闻的根本殊胜。不难不足以显其贵，不难不足以精其进。正法就是收拾六根、统摄六识。故练习太极拳之时，眼、耳、鼻、舌、身、意必须悉皆归于拳本，一个不可缺，半个不能离。一缺就漏，一离就散。故在练拳伊始要绝智弃虑、洗心退藏，将平日里散乱于外的神气先收回到身子中来，此是有一步秘法操持的。而后默守杳冥，于恍兮惚兮中如无极朕兆、静极思动一般，那个意思生起，心气发动而分出阴阳，而后每一动皆须眼、耳、鼻、舌、身、意止于玄关祖窍。王宗岳先师对此留言寄语曰"刻刻留心在腰间"是也。但前提是要先能做到"命意源头在腰隙"。这都是太极正法的大关键、大消息。

眼、耳、鼻、舌、身五者为有色根，有色就是能够看得见的意思，这五色根通着人体的内五脏。眼通窍于肝，耳通窍于肾，鼻通窍于肺，舌通窍于心，身通窍于脾。五脏通五气。我们传统文化有"五气朝元"一说，其既是指出五气各自要饱满，同时也是五气归一（元）的意思。这个归一就是归到一处——玄关窍里。故在正法的练习当中，必须通过五根将对应的五识收到玄关窍中来，而这其中的关键就在于"意"这个无色根上。所以练太极拳"要用意不用力"，这也是我常常讲的道不以力求。古偈也有曰："达摩西来一字无，全凭心意用功夫。纸上若能传佛法，笔尖蘸干洞庭湖。"可见，心意之妙，妙不可言！所以先贤有言："神宜内敛。"说的是精神能收敛于身内，则意识才能带动其他五识归于玄关窍也。所以又有言："神为主帅。"这又是以三军之帅坐镇中军的常理来说明精神的运用之妙。

道教正一派第三十代张继先天师说得好："神返身中气自回。"这也完全合乎佛法言性不言气的宗旨所在。即其非不重视气，而是性定神返，气自相随。这与那种不知本末而专门在气上寻来找去的外道做法当然是天壤之别。但不明就里的禅修者却极易因此而犯了贪、嗔、痴、慢、疑五毒的慢毒，进而对气不屑一顾，对修身不置可否。

龙树大菩萨在公元一世纪的《中论》中对一切不正见给予了严肃的斧正。所以在这个娑婆世界的修行当中，一切的对待都要以中道、不二为辨证的依止。所以一切正法不离性命双修、神气相抱。这是真实不虚、证悟诸法实相的根本门径之所在。

太极作为修行之普世且普适的最上一等法门，包含了世间法及出世间法的一切生命的奥义，很多人学习太极拳旨在健康，但归根结底，健康也是生命的一部分。所以，真正的健康、养生必须是建立在性命双修、实修实证的高度上方可真正实现。因为性命双修包含了人类生命体的可见和不可见的一切奥秘。谁能深入其奥秘，就等同于进入了生命的圣殿，而不是徘徊在无明的彼岸。

　　许多喜欢修行的人也好，还是旨在健康养生的人也好，对生命奥义的认知几乎是匮乏的。很少有人知道，人在母体受孕的那一瞬间，处于虚空（看不见的超三维世界）的阿赖耶识会因缘感召而摄入胞内，自此性命打成一片，阴阳混做一团。待十月胎圆，呱坠地，性命始分始离——性入离宫，命居水府。不明就里者，入离宫而修定，居水府而求玄。皆言正宗，互相指责。真是：本乃亲兄弟，老死不往来！这是极为不对的。

## 四

## 禅茶一味若可许　　胜却禅茶万千般

宋代有位禅宗高僧，叫圆悟克勤。他是"禅茶一味"这句颇有意境之语的始作者。"禅茶一味"讲究正、清、和、雅，此既是对茶的品相定义及饮茶的诸般规矩，同时是融茶与禅为一体的立意。

茶已经成为我们生活中不可或缺的一部分，无论是茶的本身对人的种种好处，还是对茶的品味所带给我们的一些启迪，应该说，懂一些禅茶的含义所在，也不失为一种"为学日益"，而后方能谈及"为道日损"的手段！

禅茶之所以能被誉为一味，实则是将佛法的"八正道"——正见、正思维、正语、正业、正命、正精进、正念、正定与佛教的"六和敬"——身和同住、口和无诤、意和同悦、戒和同修、见和同解、利和同均引入茶道当中。可其实际更多的是一种立意罢了，对实际的修行并无切实的助益。

这或许会让执迷此道者为之妄语，但若懂得"以心传心，不立文字"这八个大字的真义，也就缄默不言了。间或有人仍要辩之，那我就送他一句话："哪个佛是饮茶饮出来的？参去吧！"

禅宗讲究明心见性，这也是每个禅修者所一心向往的目标。但如何是明心见性？怕又是苦了很多人的禅修罔思了。"北宗禅"神秀祖师有偈曰："身是菩提树，心是明镜台，时时勤拂扫，莫使染尘埃。"一言以敝之可矣！

"南宗禅"慧能祖师曾有偈脍炙人口："菩提本无树，明镜亦非台，本来无一物，何处染尘埃。"如果说明心见性为众人皆知，但心明性见又有多少人所识呢？渐悟与顿悟即然也。

提到心性二字，在太极拳的古籍《周身大要论》当中有"一要心性与意静，自然无处不轻灵"之说。轻灵二字在此最为殊胜。为什么呢？《太极拳论》对于太极拳的习练阶段已经说得极为清楚："由着熟而渐悟懂劲，由懂劲而阶及神明。"

懂劲是什么呢？《太极拳论》对此又说得很清楚："阴阳相济，方为懂劲。"所以懂劲笼统来看是源于著熟，但若从细致而言则是阴阳相济。所以著熟阶段必然要向阴阳相济去练不可，这才是真正太极拳练法的次第实质、奥妙精髓。

著熟有作着熟者，甚至有作招熟者，大错特错。着无任何实质可言，招虽有具体可指，却非太极拳这一内家拳的根底所在。譬如练招式熟悉者大有人在，但最终几个渐悟懂劲了？其实，招式的多与少根本不是练太极拳能如何如何的决定性所在。观察各个太极拳流派的招式都不尽相同，数量也不尽相同却历有成手，可见一斑。此非有凤慧永难明也。

著熟才是对的。著者，显著也。正所谓，由微而著。著，是一个事情彻底有了一个结果。老子在《道德经》中曾有言："反者道之动，弱者道之用。"太极拳的习练就是一个"为道日损"的返练法，返到根上恰如人的新生之时——弱而难察，微而不觉，直至显露无余，即为著也。而这由微到著的过程就是时时刻刻将周身做到阴阳相济的过程。

熟者，熟练也！由微到著就是阴阳相济从开始的生疏到最后的熟练。正所谓，熟能生巧。巧者，即为懂劲是也。不巧不能谓之真懂劲。吾师郑昭明常言："彼不动，己不动，以静待其动，听其劲。若左来则左走，而右已去，若右来则右化，而左已去。若上来则下去，而往偏引之，若下来则上去，而往侧导之。总是阴阳相济，不即不离。"此乃正确习练即久而自发产生的合理反应，不假一丝思考。这种效果若有思考也是不会达到的。能如此，即懂劲也。

能懂劲，则心中之性如月光明之辉，寂照十方。一时法性无两，合三禅，乃至四禅之胜义谛。所以说，"太极即禅，禅亦太极"。禅为层境，太极乃法门。可这种功夫境界是如何练出来的呢？

《功用论》一语而敝之："轻灵活泼求懂劲，阴阳相济无滞病。"由中可知，是从轻灵活泼而致使也。太极拳之轻灵者，非蹦蹿跳跃，也不是滑浮不实，而是练拳时的周身轻而不重，灵而不昧。前者，周身外部之真实感受，后者，内里神气感知灵敏也。以内里之灵敏感受而操持外部轻重之尺度，名之"意气君来骨肉臣"是也。如此才能圆活变转，无有棱角、无有滞涩。故，太极正法非练至内里而不知外事，此乃其妙也。

所以"一要心性与意静"至为重要，只有如此，才能"自然无处不轻灵"，才有懂劲所需要的必备条件。那么，心性到底是什么呢？很简单，心者如月，性者如月之清辉。故二者名虽有异，其实无异。故明心见性者，好比风吹乌云散，明月照人来。云开月现，性体长明。这也是神秀祖师所言"时时勤拂扫，莫使染尘埃"的真实本义。

而若明月本无云，何须多此举？故慧能祖师说："本来无一物，何处染尘埃。"但众生心中无染，如若明月当空者又有几人乎？故慧能祖师的禅法非上上根器而不能修，余者还得须脚踏实地从实处入。故练太极拳者，必须在心性上好好认识一番、打理一阵，如不认识、打理而行拳，就好若在月被乌云遮住下的黑暗中行走一般。

心性者，在道家谓之神。神能明，则意能清。神乃道体，意乃道用。故练拳的始终必须做到"神宜内敛，且神宜舒"，如此，才能统摄六识而不散，团聚一处而超然。而后一举一动处处明，不多一分，不少一毫。火候到处神自知，真意从不差毫发。

能如此，则无论多少招式，什么招式都能运筹帷幄，练得恰到好处了。全真教的祖师王重阳对此说得好："两脚任从行处去，一灵常与气相随，有时四大醺醺醉，借问青天我是谁？"

提到这个气字，又是练拳中的一大至要。练太极拳无气绝对是不对的。气，是我们每一个人都有的，但为什么绝大多数练拳的人几十年来就是感受不到呢？就是因为大家的状态使然。为什么得太极正法就能感受得到？就是因为练法使然。凡感受不到者皆是未得太极正法。

"神宜内敛，气宜鼓荡。"神气若不能有这种效应，则练太极拳与不练太极拳，练太极拳和练其他拳术及运动就没有本质的区别了。气宜鼓荡，就是内气在练法正确下被激发出来的真实感受。只有在这样的感受下，神识才能更好地通过意识细致入微地控制好拳势的动静开合，而不是那种内里空空却自我的臆想造作。

禅修者向来不讲究气，甚至会因为诸法空相等等而鄙弃，这都是十足的不正观。人人皆有眼、耳、鼻、舌、身、意六识。如果说第八识阿赖耶识好比是明月，那么六识就好比是制造乌云遮月的源头。掐断源头而拂扫乌云方有月现光明的指望，否则就是无望。所以三无漏学的首学就是戒。

戒，就是规矩六识、约束六识、统摄六识的方法。太极正法就是戒，就是收拾六识而注于腰间。神不外弛、气不外泄、精不外走，体内之气便被激发鼓荡，性体常明神自现。也可以说，只有在练拳当中内气形成了明显的感知，那么也就意味着六识被降伏了。六识被降伏了，心也就能静了。

时常保持气遍周身的感知状态，也就意味着六识被降伏住了，此时修行事半功倍，心明性见指日可待。故整个练拳过程中，神气不须臾离也，是乃"四大醺醺醉"是也。

不得正法练拳，不知个中奇妙。依法修行，谁练谁知。从始至终，不曾求气，只是依太极正法练之，自然气机发动。这就是古传太极秉承道家最上心法之无为法——无为而无不为的效应所在。

周身内气氤氲，可以解决很多沉疴痼疾，健康养生自然不在话下；且在如此状态下性体泰然舒逸，对修行好处难以言表。相反，若周身四肢冰冷，身体苦堪难耐，还怎能入得静、入得定呢？

禅修从来不是苦炼，也不是一句棒喝那么简单。参话头更不是穷思索，而是开心结。心结一开，修行的效应就快。这和得太极正法须先"一要心性与意静"是没有根本区别的。所以古传太极练到妙处，不是禅来也是禅，得其妙者飘飘然。这样的拳禅一味，岂不是胜它禅茶千般！

# 五

## 人生真谛素与简　太极有味是清欢

现今,人们大多都对物质生活有着极强的渴望,但经历最多四十年的打拼后,无论是平淡如初,还是富可敌国,最后几乎无不感慨:人生最曼妙的风景,竟是内心的淡定与从容。此时就会真正地发现,世界本是自己的,与他人毫无关系。所以素与简,黑与白,既是一种生活方式,更是一种人生态度。

太极,本是极为简单的。不过一黑一白而已。这就好似太极拳无论你练得了多少个招式,其实归根结底不过就是两个招式:一个叫阴,一个叫阳。当你能够彻悟了这两个字,你的拳怎么练也都简单了。

其实,太极真的很简单,只是很多人把它弄得太复杂。毫不为过地说,一个人越是炫耀什么,实际上内心就越缺少什么。内心真正富足的人,从不炫耀拥有的一切,因为他没有自卑感或者缺失感。所以内心越是丰盈,对待太极就越是素简。

一千多年前,苏轼被贬黄州,与泗州友人刘倩叔共游南山。友以蓼菜、新笋等野菜相待,苏轼品尝后,举箸慨叹:"人间有味是清欢。"苏轼一生坎坷波折,仕途几起几落,在尝尽人生五味之后,他终于悟得——人间有味是清欢。

清欢之所以好,是因为它对生活的超逸已经不拘泥于物质的条件,而是讲究心灵的品味。人间最有味的就是这清淡的欢愉。生活简单就迷人,人心简单就幸福。练太极最是推崇返璞归真,目的就是通过这种修炼形式而让生命回归到最舒适的状态。

我们现在好多练拳的人不是每天几套、十几套地练，就是在动作的漂亮不漂亮上下功夫。可有多少人向内注意太极拳了呢？又向内注意到了多少呢？其实，面对不断膨胀的物欲，我们需要的恰恰是一颗能静下来的心。

什么东西都是够用就好，过了就是负担。吃多了就成了胃的负担，打拼多了就成了身体的负担。多余的财富只能购买多余的东西，人的灵魂本就是我们固有的，是不需要花钱购买的！它就静静地在那里，等待着我们的返观内视，等待着我们通过太极见天、见地、见自己！

所以说，多就是少，少就是多。当你认为套路多的就是太极，当你认为太极就是不断地在外修饰，那么，你的内在就肯定被忽略了。反之，当你一辈子一套拳，拳里见阴阳，无穷奥妙生心间的时候，你看似的简与素，才是真正的拥有。

这正应了道家的名言——大道至简。简单是高级形式的复杂，越是高级的东西越是简单，简到极致，便是大智；简到极致，便是大美。"外在形式越简单的东西，内在智慧的含量就越高，因为它已经不再依附于形式，而是依靠大巧若拙的智慧。"

真正的美就是净化过剩的过程。所以我们常说，练太极拳用的是减法。我们每个人都不是完美的，但是我们都想让自己趋于更好。当我们意图通过太极拳达到一种类似的目的的时候，我们大多数人选择的是怎么往后天的这个身体上加什么，而没有意识到我们要做的反倒是应该在这个身体上去掉什么。

这正如一个圆形的东西上有两三个凸起，我们通常做的不是削掉这两三个凸起，而是用更多的材料和时间去填补那些本就是圆的地方。而练太极就要用减法。要想知清味，就得删繁就简，去掉多余的东西。这也正如任何木头和石头都可以雕刻成为一尊佛，而我们要做的就是将其不需要的部分去掉就可以了。就是这么简单的道理，但它和我们正常的思维却是相反的。所以老子说:"道可道,非常道""反者,道之动"。

十几年前,心理学家鲍迈斯特提出了"自我损耗"理论而震惊学界。所谓的"自我损耗",就是每做一个选择,就会损耗一点心理能量;每消耗一点心理能量,你的执行功能就会下降。比如,你手机里装了5个外卖的APP,并能进行多样化选择。这本是一件好事,但你可能就此会陷入无所适从的选择中,那样不知不觉就消耗了很多时间和精力。

练太极拳难道就不是如此吗?所以我们要学会时间管理。所谓时间管理,不是提高效率和尽可能地做更多的事情,而是给自己设置限制,让自己专注于最喜爱、最重要的事情。简单,才是效率;专一,才能获取。

一个人占有的越多,反之被占有的也越多。比如,你为了保持一张好脸蛋,护肤品和彩妆就会堆若小山;你占有手机的时间越久,你的时间就被手机占得越长。我们练太极者当然要去占有它,但你是沉浸在一套拳的质量里,还是奔波于几套拳的数量中?同样是占有,可反哺的却完全不同。

庄子说:"朴素而天下莫能与之争美。"这个世界,就没有无成本的占有,你所占有的东西,同时也在占有你。所以,从某种程度上而言,一个人放下得越多就越富有。

把太极拳认识到了极致,练到了极致,一定是离不开素与简。练得越素简,越能听见内心真如本性的声音。

越是素简,内心越是绚烂丰盈。想要做到素简太极,我的建议是可以从下面这13条做起:

1. 安静下来,问问自己到底为什么练太极。
2. 慢下来,再慢下来,不要那么着急。
3. 一天只练一套拳,目标定位为做到最好,而非多少。
4. 站在那里,闭上眼睛,放松自己,放空自己。
5. 养成规律性的练拳习惯,让太极的状态成为自然。

6. 每次练完拳后都顺势静立半分钟,静静地感受。
7. 记住练拳不是为了比谁打得好,而是比谁更安静。
8. 确实能帮助自己解决不足的,就去学习,提升自己。
9. 减少理论上的强闻博记,增加身体上的默识揣摩。
10. 尽量找到一个自己认为值得学习的明师。
11. 找到适合自己的太极方式,适合自己的才是最好的。
12. 摒弃那些与自己当前境界不契合的太极拳信息。
13. 学会享受一个人的练习,而不是一群人的共舞。

# 六

## 两壶龙井一壶真　焚香品茗须用心

阳春三月，清明将至，疫情也随之接近了尾声。正如我之前通过"五运六气"做出的判断，也就是清明左右，疫情的发展应该是彻底地大幅下降。果不其然！随喜赞叹中国传统文化的博大精深。

随着春暖花开，行人渐增。人们不再那么压抑，孩子们此起彼伏的嬉戏声也渐渐在小区里多了起来。这让人不禁深深地感叹：大家安好，才是真好！

喜鹊登梅，开心的事也接踵而来。就在这两日，杭州西子湖畔的友人寄来了一份"明前茶"。特殊时期，采茶的人手不如往年，这茶的意义无论从哪一个方面而言都变得格外不同了。

情之所至，心有欢喜。打开礼盒那一刻的心情难以言喻。总之，那种感觉是非常美妙的。其实，练拳又何尝不是如此呢？只要你练得恰到好处，那一刻无论是于身还是于心的微妙感，无法言说，唯有自知自喜罢了。

出于欢喜，也出于一种珍惜。我细心地拆开装茶的茶包，小心翼翼地倒出一掬茶来。那一瞬间的轻柔与专注仿若练拳时一举一动的轻灵与柔和。原来，万物是相通的！

往壶中注入了水，然后加温。静静地望着那袅袅升起如云似烟的雾霭。我不禁陷入了一种沉思。这不正似炼精化气的内功原理吗？

人身若壶，其中有精。其精若水，遇热而升华为气。华者，化也！故古人有炼精化气一语。

　　练拳得了正法，就可知道如何让内里的血气鼓荡，就可练出周身滚热，两肾如汤煎，丹田似阳照的效果。这和煮茶的道理是那么的相似。原来，万物是相通的！

　　绿茶，很多人是不爱喝的。想必是与绿茶不够暖胃以及影响夜晚的睡眠有关吧！更或许是因为绿茶对水温的要求严格控制在75℃。因此，绿茶喝起来颇有一番周折。但这样的过程又何尝不是一种磨炼心性呢！

　　这与练拳时力量多了也不是、少了也不行的火候拿捏是多么相似啊！练拳就是一种隐忍，太极就是一段时光。

　　将沸水倒入杯子里的刹那，翻滚的水花遇到绿意盎然的叶子就好似久违的老友在多年后的重逢，欢喜中带着丝丝难掩的兴奋。想必，这是唯有茶和水才能读得懂彼此的对话。这正如我们和太极的那种相知、相喜、相濡、相趣……

　　纤细的叶子漂在水的上方，好似羞于见人般地保持着和水的距离。偶尔，也会有几片缓缓地向水下沉去。缓缓地、慢慢地，又是那么义无反顾的。真是犹抱琵琶半遮面，还休欲语、欲语还休。而最后，它们都会彻底喜欢沉浸在水的怀抱中。

　　我们练拳，就是在这样的经年累月中，感动了天，感动了地，感动了太极。

　　我很好奇，不知道大家喝茶的时候是否数过杯子里的叶子？或许很少有人那么无聊吧！其实，无论你怎么数，茶叶都是非单即双的。而这就是阴阳。

　　天地间的一切非阴即阳，故太极者，最高最大，而这里的玄妙，早已出了拳术的那方小小的世界。所以说，我的太极你不懂，因为你太俗，俗得还困在小小的一套拳里，俗得还身在此山中，不识真面目。

　　焚一缕香，伴随着弥漫在空气里的味道，捧起茶杯用鼻子轻轻地闻了一下,心中不由得赞叹了一声,好清新的味气!浑然间,香味、茶味……混杂为一。这多么像太极,清新不俗,余味悠然。

此时忍不住呷了一口,你猜怎么着?淡如无味。而无味中又好似夹杂着一丝说不清、道不明的有味。带着些许不甘,我又呷了一口。你猜怎么着?有点苦,但苦中又传递着无法形容的甘。

茶还是那般的茶,但每一次的滋味都大不一样。这和我们练拳又是何其相似啊!练一遍有一遍的感觉,练一遍有一遍的味道。人生若茶,茶如太极。

# 七

## 有茶有道有清静　无花无酒无俗心

在太极的世界里最需要迭代的不是学什么拳，而是做怎样练太极的人。虽然练太极懂得变化固然重要，却莫若善于进化更为重要。只有跟随这个日新月异的世界一起进化，你的太极才能不被这个时代所抛弃。

进化是什么？就是时刻要有一种归零的心态，随时抛弃你已有的成见，匍匐前行。不自满、不自闭。

学习太极的确并不容易，但如果你把困难当成一种刁难，那你当然一定会输掉；可如果你把困难当成一种雕琢，你就会越来越强大。若能如此，在太极的世界里，则能分出四等人：第四等人，把太极当成填空题，眼里只有一个标准答案；第三等人，把太极当成选择题，没有最好的，只有最合适的；第二等人，把太极当成阅读理解，答案完全取决于自己怎么认识；第一等人，把太极当成应用题，抓住定理定义。所以对待任何太极，来者欢迎，去者欢送，皆能为我所用。

不知大家对应的是哪种练太极的人，大家又要做哪种练太极的人？

其实，学太极是给自己学的，与他人没有任何关系，与比赛也没有任何关系，与门派更没有任何关系。如果想让每个人都能喜欢你练的太极，你的太极得装成什么样？如果想让每个人都能在乎你练的太极，你的太极得累成什么样？如果想让每个人都能理解你练的太极，你的太极又得普通成什么样？所以，习练太极不要去求这样的全。

同样的道理，如果每个太极招式都要学都要练，你得无聊成个什么样？得慌乱成个什么样？得平庸成个什么样？

所以学太极拳不在于数量的多少，而在于度量和质量的大小。拳练对了，一切也就都对了；拳练对了，一套也就够了！独立，是你强大的前提；自律，是你不止的根本。

佛经上说，群处守口，独处守心。当太极教你学会了守住本心，你就得到了真正的自由，就能从练拳的错误中找出自己的问题，从练拳的失败里总结经验与教训。走正确的太极之路，自然能于放无心之手的时候，结有道之朋，断无义之友，饮清净之茶，戒色花之酒，开方便之门，闭是非之口。

缘起让我们与太极相遇，也让我们每一个人因太极相知。天生我人必是材，天生我材必有用。每一个人的拳在他的生命世界里都有其价值尺度，千万不要拿别人的标准来衡量自己。

没有人能替代你，就好像你不能替代别人一样。正如每一片叶子都是独一无二的，每一个人的太极也都应是无以伦比的。你没有这样的强大自信，还学什么太极拳呢？

在太极的世界里，最智慧的交往方式就是从不强求别人按照自己的标准，更无须难为自己去违心地顺从别人。保持自己的太极个性和尊严，不要艳羡他人，更不要忽视自己。学最好的别人，做最好的自己。

很多人练了一辈子太极，却没有真正了解太极，因为他们不是纠结于过去哪里练得不对，就是期许未来能练得如何，而从来没有思考怎样去练习最适合自己的太极。所以每一个人习练太极都应勿求明天、不语昨日，太极不怀念过去，也不向往未来，只在当下。

过去事，过去心，无须记得；现在事，现在心，随缘即可；未来事，未来心，何必劳心。太极人生是一场旅行，我们不要一味地狂奔，而忘记了行走的意义。不乱于心、不困于情、不畏将来、不念过去。太极有味是清欢！

如果把太极比作一个大戏台，台下的觉得台上的太可笑，台上的又觉得台下的太可怜。其实，每个人都是站在不同的戏台上，每个人也都活在自己的偏见里。你喜欢什么，就会以什么作为价值判断，你在什么位置，就决定了你做事的出发点。

所以不端正的太极观，不过是此处笑笑他人，彼处又被他人笑笑，笑到极点，就有了互相谩骂、攻击和算计。可我们要始终相信：太极的世界里永远存在着这样一群人，他们能够超越自己门派、拳法、虚荣等的束缚，能看透世俗而又不会对世俗不屑一顾，这一类人我们称为"太极英雄"！

一个天天喝牛奶的人，无论喝的奶有多么好，他的身体或许怎么也比不过天天给他送牛奶的工人。同样的道理：一个天天送牛奶的人，无论多么卖力地干活，他的收入或许怎么也比不过天天在家里喝牛奶的客户。

所以太极也是总在以一种公平的方式来维持它的平衡，它让你的付出必有回报，给你快乐、给你健康……它也许不会把一切最好的都给你，但总会将属于你的交给你。

## 八

## 人生哪能多如意　万事只求半称心

太极拳是大道，非小术。它是载道之器，入道之梯。道是什么？一阴一阳谓之道。故极为重视阴平阳秘的太极拳是大道，非五花小技矣！

说到阴阳，让我不禁想起去年在杭州做培训时，去著名的灵隐寺看到的那副对联："人生哪能多如意，万事只求半称心"。其对虽然看似朴实无华，却极具人生修行的哲理在内。

对联中的这个"半"字说得最是妙不可言！正所谓："自古人生最忌满，半贫半富半自安；半命半天半机遇，半取半舍半行善；半聋半哑半糊涂，半智半愚半圣贤；半人半我半自在，半醒半醉半神仙；半散半聚半苦乐，半俗半禅半随缘。"

绝大多数的人并不清楚，太极练的恰恰就是这一半，且这一半的奥妙还极为讲究。明白了这一半，也就得到了拳的那点奥妙；掌握了这一半，也就盗取了天地间的那点玄机。

太上道祖老君曰："满招损，谦受益。"满者为实，谦者乃虚。欲要外物进得来，满则不能达成所愿。唯有虚以待之，方可囊之于我。然虚亦不可过度，一半恰好！守住一半，预留一半，阴阳各半方成太极是也。

所以拳谱里所谓"舍己从人""引进落空"没有丝毫夸张的成分，关键是你能不能掌握好那一半的度。因此说，火候很重要。这正是："教者传拳练者痴，从来火候少人知！"

太极不仅在拳里，也在拳外，且更是离不得拳外半点。我们平时顶多也就是在自身上的阴阳里琢磨来琢磨去罢了,却不知我和彼也是阴阳各半的关系,即我和社会,及我和天地自然!兀兀枯修皆小法,彼我双参乃至乘。

"四性归元歌"中说得好:"我赖天地以存身,天地赖我以致局。若能先求知我性,天地授我偏独灵。"人和天地本就是相应相契的,只有把自己这一半做好了,才能合上天地那一半,两半合到一起就是天人合一,就是一个天人太极图。怎么才能做到?非功而不能!

我常对和我学习的学生们讲,李氏古传太极十三势是一部功法,不是拳,但它是为练好任何拳而服务的。拳有千招百式,但如何变化也离不得它所要遵守的那些太极要领。这也是一半和一半的关系。没有功这一半,拳就少东西,当然就久练久空,摸不着头绪。由诸上可见这一半的重要性!

悠悠白云千古去,一拳一剑一人生。学拳、练拳无论是为了什么,都不能和惬意二字相背离。学太极是快乐的,而不能是一种欲求不得的痛苦;学太极是减压的,而不能是一种徒增烦恼的负担。把自己谦卑地变成一半,剩下的一半当然就要在天地自然中汲取了,这就叫作彼我双参乃至乘。

# 九

## 乱花渐欲迷人眼　一腔正气在人间

我的母亲是我人生中的重要导师之一。打小，她就教导我要做一个对社会有意义的人。虽然小的时候不懂怎么样才能做到母亲所说的，但懵懂中却是对她的教导记忆深刻。

母亲是一个特别喜欢看书的人，所以，从小我就被她看书的习惯和家里很多的书籍所感染。母亲出差回来总会想方设法地给我购买一些书籍，而我每一次也是极为欢喜。

在我9岁之前，除了《红楼梦》，中国传统三大名著都是看过的，而最喜欢的就是《西游记》。其实，《西游记》是一本有关修行的奇书，但知者不多。正所谓，内行看门道，外行看热闹。以后伺机再说这部奇书也不迟。

我自幼喜欢武术，曾在近邻洪氏家中借到一本《少林拳法》，但那个时候太小，根本是读不懂的，只能照猫画虎。不过，自此武术情结算是有了这么一个缘起。

因为这个，所以我在17岁的时候和太极拳结下了这一生的缘。诚如我的朋友"小先生"所说，我幸亏是练了太极拳，如果练形意拳，就如同火上浇了油，说不准会闹出什么事情来。

可我向来不信命。唐朝的高道司马承祯曾说过："我命在我不在天。"若命已定、运难改，这人世间的众生还有什么奋斗的意义可言呢？佛说，人人皆有佛性。还说，众生平等。可见没有谁的命运是绝对如何如何的。但要想不平庸地善待自己的生命，或不庸俗地淫滥在奢靡不正的生活里，唯一的途径就是修行。

而这种修行也不是人们以为的那种。修行就是学习和践行一切的善知识,唾弃和远离那些不净业。这就是我认为的修行实际。这种修行若只靠看书明理、听闻反思是决然不行的,真正的修行必须得通过正见、正闻、正念、正行,乃至正法的自我加持方可让命运掌握在自己的手中。而这种修行在我看来,对于世间的众生而言没有比太极更合适的。当然,我说的太极可不单单是指太极拳。

修行必须具备一种品德,这个品德就是那份厚道。这是人在世间修行必须要有的德行。因为人没有这样的一份厚道,心里自然就多了一份钻营,钻营的人是绝对无法修行的,钻营的人也不会有好的缘起。这就是因果的真相。所以我常常感叹,种善因才能得善果。

我在年轻修行不易的过程经历中就时常想,学艺我苦,后来之人不要再苦!正法难得,后来之人如何能得?自从传播李氏古传太极方便之法门以来,遇到了太多的坎坷曲折。譬如李氏古传太极无极桩、太极周身行气法、古传太极十三势都好比原始佛教的根本法是一切法的源头一样。可"乱花渐欲迷人眼",今天的众生眼里只有花儿的娇艳,却几曾想到过,没有根株的营养供给,又哪来那般的美丽。所以说,诸法空相。

其实,诸法也并无空相与否的绝对之分,若得实相,空也不空,不得实相,不空也空。所以说:"色不异空,空不异色,空即是色,色即是空。"李氏古传太极是诸法实相,从实相入手,得实相加持,则所练的任何太极拳空也不空;不从实相入手,不得实相加持,则所练的任何太极拳不空也空。

因此,从古传太极修真文化体系的正法传播的伊始,我用了三年多的时间"讲法布道"。正因一切学习此正法者的一路布施,才有了其蓬勃发展的今天,我才有更多的余力将受益回馈给广大众生。值得随喜赞叹的是,凡是依正法而习者皆是受益无穷的。

例如，有患重病者百治而难愈，习此正法而渐愈；有习练太极拳二三十年者内里空空，习此正法而内气开始感应；有膝关节损伤者却对太极拳痛而难舍，习此正法将膝伤痛给予了解决。一个个鲜活的例子有名有姓，都是古传正法利益众生的真实体现。因为有了广大的回馈，所以它的发展才郁郁葱葱、欣欣向荣。

太极拳是当今世界健康、养生参与人数最多的第一大运动，在这样的参与中，必须奉行古传太极修真文化体系的传播才是大道、正道。才能真正想有益众生而的确能有益众生。一切的回向众生所被加持的雄伟之力也必是基于这条太极之路的正念、正见、正信、正行！

## 十

## 招法易学人皆会　　心法难得似棒喝

很多人练太极，非常注意每一招每一式。天长日久，拳打得别提有多漂亮，但功夫却是半点皆无。虽然面对别人溢于言表的赞美笑以善之，可内心深处却困惑不断，搞不清问题到底出在哪里。

说到这个事情，我不由得想起中国佛教八大宗派的禅宗。在禅宗的修行体系里，"参话头"是证悟的一个重要手段。参什么话头呢？就是给你一问，进而让你生起疑情，然后因疑而思、因思而虑。这是非常好的一件事情。

正所谓，没有魔，不成佛。因疑虑而终日在这个问题的话头上琢磨，似入魔了一样。如此则妄念"内不能出，外不能入"，内里的妄念没有条件折腾，外面的境缘也没有机会干扰，只待一个因缘到来，一下子一念相应，也就开悟见性了。这个因缘的到来就是禅宗常讲的棒喝。

所以说，你练太极拳若内心产生疑惑，进而能在这一个念头上反复琢磨，实际上，这对于你而言实在是太好不过了。怕就怕总觉得自己练得不错，没有问题。可你练得能没有问题吗？正所谓："吾生也有涯而知也无涯"！

在《庄子·秋水》中也作如是说："计人之所知，不若其所不知；其生之时，不若未生之时。"

意思是说，我们所懂得的知识，远远不如我们所不知道的东西多，我们生存的时间，也远远不如我们不在人世的时间长。所以当你练太极拳生起了疑情，那么，这恰恰是你临近突破瓶颈的机缘。而你在这个关键时刻所需要的，恰恰就是见到类似这样文章的棒喝。

因此，我经常会在一些文章中不写招式内容，不写具体练法，有些人就急了，说这是什么破文章？从头到尾没有一个字提到具体练法。我无奈以待，随即摇头一笑。如此之辈，心法在前却怀宝而不知，见珍珠不喜，反求石卵充饥若渴。机缘未到，随缘罢了。

我学拳的时候，老师就常讲，一层功夫一层理，一层不到一层迷。

师父教的不仅是拳，还给你讲他一辈子练拳所感悟到的那些宝贵体会，这包括每一个境界层次的描述，功夫上身是什么感受的说明。这些看似是招式之外的东西，好像和招式没有半点关系，但却是给你的招式安手安眼、赋予灵魂的东西。

师父在讲解的时候，会结合演示让你看到每一个动作是怎么结合眼神、手法、身法、步法的。而这些是你远在书本和字面上永远看不到、得不到的。有了这些，你才能将拳里的每一招每一式练得大不一样。因为你的招式动作不仅是在模仿姿势，还有神韵、尺度、节奏。并在这个过程中，你也能结合师父告诉你的，时刻与自己的所得进行印证，知道自己练到了哪一层。

我们很多人应该清楚，禅宗的一大特点就是不立文字，直指人心；以心传心，教外别传。所以心法才是修行的重中之重。你不会认为太极拳不属于修行的一种吧？修行就是在修心，就是心法，太极拳的修心就是在给招式赋予心法，而这个赋予的前提，就是放下原来对门派、招式这些有形上的执着。

当此之时，你就会倍感轻松，恍然大悟。原来，你一直无法突破自己的瓶颈恰恰就是你自己的那颗心呀！最后，请一定要记住：招法易学，心法难得。

# 第七章

# 太极诸家秘诀传 句句珠玑术灵验
【练术】

## 一

## 以身使手真妙诀　纛旗寓腰法无缺

我的道家南宗丹道功法是吉林张师傅所传。后来我拜入李氏太极门，跟我师父郑昭明先生又学到了很多。

在和张师傅学道家功法时，他有一次郑重其事地对我说："我教你的是道家的丹道功法。丹道是祖师爷们为了实现我命在我不在天、人生不被天地自然所主宰的理想境界的实践。然后在《黄帝内经》的基础上经过上千年一代代人的总结、提炼、完善而形成了对人体性与命的深刻认识，这就形成了具体的练法体系和次序。因此，在内里的修行上，太极拳出不了丹道的框架范围。你学会了这个就等于找到了根，你抓住了根再去看各门各派的内功就会云淡风轻，了然于胸了。"

后来我向陈庆国老师和郑昭明老师学拳时，他们也告诉我，练拳就要做到周身的团圆紧凑，上下、内外都要相合，讲究形神意气的混合为一。练拳不能用四肢玩身体，得用身体玩四肢。

用身体玩四肢说的是什么意思呢？我们很多人都知道，太极拳的特点之一就是圆，离圆非太极。而这个圆并不仅是圆形动作和圆形轨迹，还要在练拳的时候体现出它的圆活、圆润。想做到这一点，除了需要具备很多方面的要求，最为关键的就在腰这里。

太极拳是放开小我，将自己融入天地自然当中，要处处都能感受到地力的借助。而这个力要想作用到人体的梢节，没有腰进行串联可不行。而且这样的串联为了实现连绵不断就得时刻做着大圈和小圈的转动，只有这样，动作开合当中才没有断点，才能符合如环无端，这才叫作太极拳。"象其形，循其理"中的象其形指的就是这个圆形。练太极拳必须时时刻刻都做着圆形、环形、螺旋的运动。

所以在过去的武术界，人们一提到太极拳总会提起太极腰，其实意思指的就是这个，但练太极拳的人在这上面做对的却不多。你们看很多人练了一辈子的拳，看着也挺松柔，动静开合的虚实也很分明，甚至是给人以行云流水的飘逸感。但是他就是没有什么功夫，就是没法把太极的技术原理在使用的时候呈现出来。问题出在哪里？虽然原因不少，但其中一个就是没有腰、不会用腰而造成的。圆活、圆润、圆形就是所谓的动如车轮，但是车轮转动无滞的前提是什么呢？就是车轴。太极拳的车轴就是腰隙。所以练拳要以腰为主宰，以腰为轴。

看到这里，有人会心想，说了半天，到底身体怎么玩四肢啊？身体玩四肢就是要会用腰身去盘拳。但用腰身不能练成水蛇腰，水蛇腰就是腰扭来扭去地打弯。在前人留下的古谱当中告诉后人"腰为纛"。纛就是军队里的大旗，是屹立不倒的，它一倒就意味着兵败如山倒了。

所以腰这里要松但是不可软。你外面无论是什么招什么式，都得围绕这杆大旗来动。练拳时，无人似有人，你这每一个招式都好似有人和你的手臂接触上了，但你不能用手臂去和对方杠上。这样用的胳膊紧，也就是玩四肢了。应该用腰身去走，手臂的接触点是用腰身走出来的劲儿在那个地方打对方。这是很不好理解和掌握的一种技术，因为和我们平时的习惯不太一样。所以练法要对，然后通过久练而成为新的本能。这还要结合着推手才能练出来，属于太极拳术的范畴。

所以，化、收、吞、引离不得这里，随即一变的发、放、吐、出也是源于这里的。前者为阴，后者为阳，阴完即阳，阳完即阴，能阴能阳，阴阳一体，相为既济，方为懂劲。能懂劲才能真正进入太极拳的奥妙世界当中。但不会用腰打太极，则练的永远都不是正确的太极拳。

四书之《大学》有云："物有本末，事有终始，知所先后，则近道矣！"这句话的意思就是说：天地万物皆有本有末，凡事都有开始和终了，能够明白本末、终始的先后次序，就能接近《大学》所讲的修己至道的境界了。

上面虽然说的是一番学问上的道理，但于太极拳上也是不能例外的。二者固然有所不同，但正如《太极拳论》当中所说："虽变化万端，而理唯一贯。"所以，太极拳的习练过程是始于强身、继于懂劲、终于明心。但其过程的详细究竟大家所知不多，今天我们就来说一说。

《十三势行功歌》中有"刻刻留心在腰间"之语。于《十三势说略》当中对此又进一步以"主宰于腰"进行阐述，更有"腰如车轴"之句。可见，太极拳的一大关键都在腰上。腰者，其为拳之根本也。

然此腰又与平常说的腰脊之腰大有不同。其不同之处就在于，首先要通过独特的练法在整个腰部将那需要用的一小块儿找出来才行。这就犹如淘沙而取金，沙中本是有金子的成分，然不淘就好比不练，终究不能得之。因此，太极拳是脚踏实地的一番大功夫，必须先要得正法，然后依法而练。谁练谁得，谁得谁知。一旦通过练习而能找到腰上那一小块儿，即如古人所云："是集义所生者。"太极拳确确实实是这样的。

习练太极拳的腰在初生之时，就好比三寸嫩芽，但也正是这一点灵苗，方是日后感受无穷奥妙的所在。《十三势行功歌》曰："十三总势莫轻视，命意源头在腰隙。"腰之生成亦如古人所云："君子务本，本立而道生。"其本已立，其后练拳则一日千里，欲罢而不能了！

腰在此时为后续所练效果之根本，但就之前所练方法根本来说，乃是按规矩而习练出来的末。规矩即所习练的方法。这种方法就是李氏古传太极十三势的五步使然：用脚下之变化，步法之抽添而将腰练出来，此乃古传秘法之妙也！郝为真先生曾说，"初练如人在水底"，此为松沉在脚之比喻；"再练如人在水中"，此是脚下的劲力向上增壮之过程；"最后如足踏水面"，乃腰为主宰，拎着四肢练拳之效应形容，此时兼备气练的层次。

有气才能以心行之。然变化依持仍在腰。故《太极拳论要解》当中说："气如车轮，腰如车轴。"此非指气围绕腰部的动，而是言腰作为中心的重要性。太极拳练的是全体大用、周身一家，练的是整体的混元，属于大周天。有古传"十六关要"乃其精述。这和那种拿着丹田那一小块的练法相比，可谓云泥立判矣！但"拿住丹田练内功"是没有错的，可是不能因此就唯有丹田，其他都不管不顾了，那样就是不对的。

在古传拳谱当中有"变转虚实须留意，气遍周身不稍滞"之句，这说的都是通过在腰这里来实现拳术的变转切要。这种效果不是一开始就能练得到的，须在得法之后经过一段时期按部就班的习练才能得也。规矩（练法）为本，腰为目的（末）。此诚如王宗岳先师所曰："然非用力之久，不能豁然贯通矣！"

## 二

## 前人心得细推敲　　登堂入室功夫高

先人前辈们练拳的心得体会对后人多有启发的作用。李雅轩先生的"练拳笔迹"即为一个很好的例子。下面，我通过这篇文章来和大家讲讲我的一点认识。

李雅轩先生说："'揣思摩像'，我当先也常有之，要想起杨老师打拳推手的神气，便觉功夫有进步，如长久不见老师了，练拳就找不到味道了。近有人竟不知思念教者的意思，肯定是不对的。"

这里，为什么李雅轩先生一想到他老师的神态就感觉有所进步呢？这还真是练拳里的一个长功夫的诀窍。很多人对这个不理解，可是我一拿学唱歌做比喻你就会明白这里面的奥妙了。不想着原唱的韵调你怎么唱都感觉少了点什么，给听众的感觉也是这样。过去有"投师如投胎"一说，就是指和谁学就会像谁的意思。这说的也没有什么错。

和梅兰芳学梅派，你能唱出谭鑫培的那个味道来那就怪了去了。所以学拳一定要找到明白的老师，练得明白，说得明白，还能教得明白。跟了这样的老师一定要珍惜，要每天都心里想着，身体上模仿着，最终没有功夫不上身、拳味不上手的道理。

他还说："对太极拳的体会：松腰塌胯、虚实分明，一吐随起，一纳即伏，手领神到，意气布满，一动全身随，真气内鼓盈，身如轻舟走，脚与地面通等皆对。不过在练架子时，身势应如载重之船行于江河之中，是又有动荡之形势；又是非常的沉稳。起，不离水的托力，下沉，不能触到河底，船身始终是由水的浮力托着的，亦就是说人练拳的身体，是在脚腿上之弹动力托着的，既不能浮起，又不能生到硬根上。"

塌胯就是落胯，是掖着胯的松沉坠落。腰胯是不分家的。所以，松腰和落胯必须连在一起说；虚实分明就是周身处处要分出虚实来，不可一处无虚实。分不出虚实，分不清虚实的就是不对的。

他还提到："一吐即起，一纳即伏。"这个很有必要一说。现在的人教拳时，要求不能起伏。从初学者容易乱动、支撑力不够而言，不许起伏没有问题，但是练一辈子都没有起伏可就是不对的了。

过去对练太极拳也有"陆地行舟"一说。舟就是小船，小船在水里就是起起伏伏的。如果压着它起伏，它能在水上顺畅地行走才怪哩。同理，练太极拳在陆地上也应该像小船那样借助地力，推动身体的姿态呈现起伏连绵的运动。所以，随着太极拳水平的深入，起伏是对的，而且是必须的。

"起，不离水的托力，下沉，不能触到河底，船身始终是由水的浮力托着的，亦就是说人练拳的身体，是在脚腿上之弹动力托着的，既不能浮起，又不能生到硬根上。"说的就是这层意思。我们都知道"舍己从人"这句话，很多人都理解成是和人推手的时候要这样。其实，在练拳中又何尝不是如此呢！这些练法的感受必须从舍上下手。如果你舍不掉、不敢舍、舍不得，那么，你又上哪里去得？

他又说："每练功夫，要细细地体会功夫中的精微奥妙。这种精微奥妙，是在思想之内心而不在手势之外面，所以太极拳的功夫，只靠操练还不行，需要用悟。用悟就必须缓慢，必须稳静，如不缓慢稳静，就悟不出去，悟不进去，就找不着太极拳的味道。学者须特别注意。"

他在这段话里提到一个悟字。很多人习惯性地会解读为脑子里的思维悟性。这是错的。他说的悟是指的感觉、感受、感触，是在身体力行的练习当中所涉及的精神和身体的感知。所谓心知不如身知，身知胜过心知。身知也叫作体悟。这种体悟必须建立在匀缓的慢速当中，用神经去细微地控制，用精神专注地去静静体会。不这样去做就一点儿效果也不会有。

我们看《西游记》里的猪八戒吃人参果一口一个，什么滋味都不知道，就是因为他吃得太快了。细嚼慢咽，静心感知才能滋味了然，转而吃得会愈加可口香甜。所以，现在很多人练拳心急、形快，这是不对的。所以练拳不是为了慢而慢，而是为了感知一些细节、细腻而慢，而在这种感知当中又会不由自主地慢下来。这才是太极拳要慢练的原理所在。

他又说："太极拳练习到真正松了的阶段，全身都有气布满，前后左右都撑满抱圆，太极拳的练习好比伞的撑开。伞不用时收起来，放松了；用时撑开，此时伞面是绷起来的。不是硬也不是懈，是整个铺开的。整个伞面是完整的，伞面上的每点都处于整体中，张力是均匀的。太极拳练习松软的情况与此类似。"

这里，李雅轩先生提到了一句关键的话："真正松了。"做不到这一点，余下的内容看了也无益。这就好像小孩子想象大人们的行为是怎么一回事，却永远想象不出究竟是怎么回事一样！这就叫"一层功夫一层理，一层不到一层迷"。

松我们可以说它是阴，那么按理说，有阴就要有阳，这个阳就是紧。因此，松紧适中方才符合"无过不及"。所以大家一定要记住，真松者，不松！但是，这种紧又绝非紧张，而是松出来的张力感，也可以称为气感。只有在这样的外表松弛、内里气足的习练当中，才能体会到这种拳术独有的趣味。也可以这么理解，不用力即为松，气的膨胀即为"紧"。

先松后紧，此为大道之妙理。这恰如静而后动，静极而动是一样的。所以，先求松软无可厚非。太极拳是反常道的技术，是先天法。只有放下才能后天返先天，而其关键就在于放下最难。练拳如此，人生也是一样！

提到松软的练法，李雅轩先生又说道："太极拳的练习要保持纯正的风格，这个风格是在大松大软中落实的。松软不是身体的哪一部分，而是整体。提起一件衣服，不管你提它的前襟、后摆，还是袖子，都提不顺，只有提领子才能提顺，一提领子其他部分都被很顺地提起来了。这衣服是垂下、松软的，也是整体的。太极拳的练习也是一样。"

这段话的关键是"松软不是身体的哪一部分，而是整体"。这个整体就好似一件衣服，我们要提其领子，提其他地方不行。所以有虚领顶劲之说。这里说的就是头上的消息。

如果把伞顶看作人的头，那么伞骨的终端就是四肢梢节。伞的棚撑是基于这些而实现的。练太极拳自然也不能逾越。所以，现今学太极拳者多是在体内乐不思蜀的感受、摸索，却没有考虑向外的释放，这也是不对的。人生要有大的格局意识，练拳又怎可小气！

现今很多人练拳就好似有些人出家当和尚，人在庙里心在庙外——嘴里念着阿弥陀佛，做的却不是那个。如此练拳，一辈子也体会不到李雅轩先生这段话的感觉到底是什么。

## 三

## 松沉提举骨肉离　体气神练现奇迹

有人问我，谁是某位大师的后人或徒弟是不是就肯定有功夫且功夫好？这可不是绝对的。因为功夫既不是遗传的，也不是磕个头拜个师就能上身的。如果没有勤学苦练，那么无论师父和父亲是谁都没有用。而想达到很高的层次，还得再加上个人的天分才行。不要不信。自古以来，学拳者多如牛毛，可成就者实属凤毛麟角。下苦功执着习练的人可不少，但能练出来的人真不多。

崔毅士先生在杨澄甫先生的门徒当中是数得上的一位。功夫好、人品好，也带出了一批好徒弟，为北京市的太极拳界培养了一批精英，功不可没。他的女儿崔秀臣先生也是有着真才实学的，看她的视频，可见腰胯松得已经达到了要求。这和有些名人练拳时拎着个肩打拳可是不一样的。

肩是上肢的根，胯是下肢的根。根节松得不好，中节和梢节也不会好。拳谱上说"运气如九曲珠"，其实指的就是节节贯串的圆活顺遂。可有人会说了，那写的明明是运气啊。这样的疑问恰恰也是我们现在学拳好高骛远，没有完整习练次序造成一知半解的原因所在。你想啊，如果身体的九大关节都不松开了，都不活泛了，你运气时怎么能做到无微不至呢？身体邦邦硬，动作紧且僵。气血都跟着不流畅，就更别提运气如九曲珠了。

太极拳按照以前的习练程序依次是体练、气练、神练。气练是建立在体练的基础上的，神练又是建立在气练的基础上的。因为太极拳不是气功，所以它和气功的那种练气是完全不同的。太极拳之所以能技击是因为有劲的存在，而这个劲又离不开气这个条件。劲如果属于用，那么气则属于体。这就好比练易筋经、八段锦能抻筋长力，但这种练法不具备像拳术那样的运用技能，所以它们属于体，而拳术则是建立在这种体上的用。

同理，太极拳架子为体，推手和散手则为用，用必须来自体。没有本体的根基，那些技术原理是没法使用得好的。因此，太极拳的气是为了应用时所具备的那个劲而存在于这种拳术的练习当中的，这就需要形体骨架按照要领要求产生变化，否则光靠气是产生不了作用的。因此，每个人练拳都要在形上下一番踏实的功夫才行。

有的人以为形上的功夫指的就是姿势多么漂亮或者架子多么端正，这种理解是不够深刻的。练得对了，姿势自然好看，而不是看着好看就说明练对了。练对了，肩根和胯根周围的肉会有明显松弛的感觉，个别的小肌肉群感觉尤为明显。只有这样，平时无论动还是不动，松肩坠肘、松腰落胯也就都成了常态。所以一有随机性的刺激，就能迅速地做出化和发的反应。

很多人总是提到松沉。但肉没有和骨头形成分开的感觉，那么所谓的松沉就都是假的。必须按照松沉的要领去做才能实现松沉。效果和过程一定要分清，一混淆就容易误以为身体放松了，向下去了就是松沉了，实际上必须有肉和骨头分离的感觉才能做到真正的松沉。而这种效果不仅要有意识地去按照练习要领努力去做，还得通过身体的不断转动、滚动最终才能得以实现。

但光做到了这样的松沉还不行，还得有提举。我们现在练的太极拳在松沉上的执行大部分都是做得过了，成了向下的压，没有多少人能够意识到在松沉当中将地力提举到梢节上去的。没有这种意识，甚至都不敢提举，这就是练不出太极拳纯正功夫，无法体验太极拳奇妙的一个很大的原因所在。

老子说："知其雄，守其雌，为天下蹊；知其白，守其黑，为天下式。"太极拳在练习阶段也正是基于此、合于此，通过先松沉后提举。松沉当中有提举才能做到既有其根又具轻灵。提举不是上提身体，而是将松沉到脚下的那个力的反作用力给借上来。周身要骨架对正，这个力就能从下往上遍布周身了。这就是肉是松的，骨是撑的，骨肉分离练法道理的所在，即练拳、练功的时候肉是松而沉的，骨是提而升的。二者仍为阴阳，只有松沉和轻灵并存才是阴阳的兼备。因此，太极拳练对了，练到一定程度以后，周身的劲就正好是那个感觉。

## 四

## 由松到动至不动　练拳渐至内不空

现今，有很多人都喜欢打太极拳，说是为了健康。虽然这个理由并不为过，但是健康的方式方法有很多，为什么你会选择打太极拳呢？因为太极拳是一个高雅别致的运动，所以想打太极拳以及在打太极拳的你想当然也是一个高雅的人。

但要想通过这种运动既能提升个人的意境、品位，又能对身体的健康有着绝对的保证，就必须对太极拳习练的原理、方法、内容以及它的系统性有深刻的认识才行。

我们很多人学太极拳的初期都是从套路开始的。即使你想学真正的太极拳，教你的人也大多会从套路开始教起，这是不符合太极拳的自身习练次序的原理的。或许很多人会认为学习简化24式乃至更少拳式的套路就是科学的，但这也是错误的认识。

因为我们没有认识到一个问题：练太极拳时真正对我们产生提升作用的并不是多少个招式，或者什么流派。招式的减少只能意味着便于记忆和掌握，而流派的不同更多则是体现的风格不同，这些都决定不了根本性的学习获取。要不，你看看你学了这么多年还有比你更早开始学拳的，这样的学习方式和付出的时间在收获太极功夫上成正比吗？

练拳无论时间长短，里面空空如洗就意味练的方法有根本性的问题，而有没有东西决定了练习者的身心能够具有多大程度的效益。正确的学习程序乃至方法是什么？我很负责任地告诉大家，就是先得从站桩开始，还得是无极桩。别的桩如果在太极拳学习体系里作为一开始练习的内容，那都是不对的。

为什么只有从无极桩开始学习和练习才是对的呢？从哲理上而言，有来自无。人和任何事物不是一直都存在的，在他们没有出现之前都属于无。而太极拳劲的雏形就来自无极桩。无中生有，无极桩生太极劲。有了太极劲，再在招式套路的练习当中就不会感觉到空空如洗了。不从无极桩来练，就没法生成太极劲。"太极者，无极而生"，这是《太极拳论》里开篇就标明的。

但现在的人所练的无极桩也大多是不对的。无极桩不是往那儿一站什么都不干，那怎么行呢！站桩是个非常有意思的事，但想站出乐趣来的前提是得站对。比如这个无极桩吧，往那儿一站按照古传的方法去做，人体就能晃动起来。有很多人不理解，甚至是对此表示质疑和反对，更有甚者会举出近代桩功宗师级的人物王芗斋先生曾说过的"大动不如小动，小动不如不动。不动之动方为生生不已之动"来对站桩当中的动做驳斥，很多人对此论说都趋之若鹜。

但人们却认识不到王芗斋先生所说的高级状态的不动就好似大学时学到的内容——那是层次、是境界，而不是方法和一上来就习练的准则。大动之初如小学，小动之变似中学，不动之境类高中、大学。学习不从小学基础开始，直接就去学习高中、大学的内容这怎么能合理呢？不合乎道理的练法难道不是最愚蠢的行为吗？所以，正确的站桩练法在开始肯定会晃动起来，而且晃动得会很明显，这就叫作大动。

有人奇怪为什么我们这种无极桩的练法会产生晃动呢？因为松了。平时，为什么人们不这么动？因为紧着呢。总控制身体就是紧啊！可练太极拳不松开，做不到松怎么能行？因此，我们的这种无极桩的练法就是在一开始让学习者体会到怎么去松，什么是松，松的目的和部位是什么。然后再渐渐通过心法将大动调到小动。小动达到要求之后，再进入不动。在这样的过程下的不动和一上来就控制着身体的不动有着天壤之别。

不动之动才是真松。为什么？因为松紧处于平衡就会静下来。真正的松说的是度，松紧适中。平衡实际上说的也就是这个度。但外表看似不动，可里面却在蠕动，因此说它生生不已。这样一个过程下练出来的劲就是太极劲。为什么说这就是太极劲？因为太极就是平衡的，平衡中的松紧微调所形成的劲当然就是太极劲。因此说，无极桩生太极劲，太极劲就是这么生出来的。

光站桩有了太极劲还不行，还得练活桩，否则，就是有体无用。这怎么讲呢？打个比方吧，练易筋经能长劲，但光长劲却不思通过拳术的技法进一步让这个劲在变化当中产生作用，这就叫作有体无用。拳术的技术就好似在有了功的资本后再进行理财投资。越好的技术，投资的回报效益就越大。大道至简，就是这个道理。

所以，无极桩达到目的之后，下一步就开始进入动态桩（活桩）的学习。动态桩练的是进、退、顾、盼四法。其习练的目的是如何练出劲起于脚，发于腿，主宰于腰，形于手指；如何做到拿住丹田练内功；如何做到周身一家等。

这些不通过单独练法来练，想直接在拳架子里练出效果来，很少有人能够做到，即使做到，需要具备的前提一定是要有太极劲的先期形成。太极劲就是功，有了功来练拳，这叫作拳功一体。人在拳功一体下的练习也叫作功练人、拳练人，太极的奥妙只有在这种前提下才能实现，反过来是绝对不可能的。

# 五

# 太极有手不用手　平日练拳手怎走

有人在反对太极拳不能玄虚化、神秘化的同时，却又不严格遵守对太极拳的务实练法与要求，总是在意境上张扬自己的那点所知。这似乎既成为一种当今太极拳界浮夸的多数现象，同时让很多不明所以的爱好者们云里雾里，以至于也误入认知和练习的歧途。

在传统太极拳的练习中有"太极有手不用手，何来太极手"这么一说，猛一看，好像是个很高大上的理念，而且貌似也能在杨澄甫先生给世人留下的"练太极拳者不动手，动手便非太极拳"这句话中找到有力的成立证据。但哪个练太极拳的在练拳的过程当中没有手的运动呢？所以类似的断章取义的高大上，实际却是无根无据的，是根本就说不明白的假大空。

什么是"练太极拳者不动手，动手便非太极拳"？实际上，杨澄甫先生所说的"不动手"是指通过合乎其理的练习来弱化人们十几年、几十年养成的爱主动动手的习惯，进而强化太极拳那种独有的新习惯。而这种新的做功习惯必基于脚下不可。这就好似万物之生长，都是由下及上而成。因此，"不动手"其实说的就是练太极拳要先按照"由脚而腿而腰"的顺序进行新的做功习惯的建立。

杨澄甫先生有一位叫郑曼青的高徒对"不动手"这句话也有过陈述："杨师澄甫之分释太极拳诸要点如下：'每于练功架或打手时之讲解曰：练太极拳者不动手，动手便非太极拳。且戒之曰：健侯老先生之教人。每引拳论曰：由脚而腿而腰，总须完整一气。又曰：其根在脚，发乎腿，主宰于腰，行乎手指。谓手必要相随，不可自动'。"

由此可见，"练太极拳者不动手"这句话换而言之就是"由脚而腿而腰，总须完整一气"，或者是"手必要相随，不可自动"的具体所指。但这却并不意味就真的不用手，手上需要注意的地方就可以无所谓，这就好似规定小学生上课不许乱动。不许乱动是为了不分散注意力，有助于认真听讲。但不能因此就真的一动不动了。若因噎而废食，那这种太极拳练法不就成了治一经损一经吗？！

我们很多人练太极拳搞不清楚真正的太极拳练习的所在。太极拳的劲就是通过脚、腿、腰、背、手而进行的传递性过程，现代运动力学将其称为"动量传递"。从科学研究得出的结论，这种传递性的力量总是必须在腰脊等部的"相向运动"的作用下，起始于下支撑来完成的。而下支撑对于站立的人而言就是脚，所以古拳谱中才有"其根在脚，发于腿，主宰于腰，形于手指，由脚而腿而腰"的论述。

因此，杨澄甫先生所说的"不动手"指的是在动态中所呈现的"不动手"。也就是说，"手"肯定是运动的，但不能是主动去动的。这样才能基于脚下通过借助地力的催动而被被动地带起来。如果如此阐释仍然让大家不得其义，那么这个"手"的问题我们也可以进一步在杨澄甫先生更早期的著作《太极拳使用法》中有关火车带动最末节的车厢的范例来深入认识："被火车头带动的车厢最末节或者装载于汽车上的货物，它们本身在行驶中是没有动的，但又都是实际运动的。"这也是对"不动手"的要求的形象说明。

所以不动是不单独动、不主动动的意思，但绝对不是没有动。而手虽然在这种动态的特殊要求中是被动的，可要明确的是，这是为了弱化原来的不好习惯，强化新的习惯的方法，待从脚下到手上的整个劲路形成之后，进一步的练法或者说太极拳的技击含义的用法就不存在谁先动了。此犹如鱼之游动，是头先动，还是尾先动，抑或身先动？古拳谱对此言简意赅说得最好："一动无有不动"也！因此，手的情况也是分阶段、分层次而言的。功夫没到，自然是"不动手"，练到了那一步，动手也就是动了周身，动周身自然也就包括了动手。

　　真正能够做到古谱当中所说的"由脚而腿而腰"的效果，就能体会到手的任何动作都是脚下的动作如"抽丝"一样的绵延伸展。脚和手的关系与功能，又非常像骑自行车的人是用手控制着车把，可行驶的动力却来自脚，二者虽缺一不可，但主次却不可不分。可很多人并没有意识到"不动手"是指不能主动、单一地动手，没有这样的认识而去学练太极拳就好似穿着防水服下水而想达到洗澡的效果，那可能吗？

　　一步错，步步错！因而在太极拳上，无论是学练还是研究所得出的感受与结论也就都是错误的了。但这不怪学习的人，因为不会才学习。怪只怪我们教的人大多没有搞清楚，间或有的人自以为很聪明，一知半解，以为自学可以成才。如此也就罢了，却还四处张扬自己的所知。这就误人误己，自欺欺人了！

## 六

## 开展紧凑渐完善　拳法载道真修炼

有道是:"太极始自无极生,演化阴阳万物成。拳法乃是载道体,借假修真一层层。"因此,练太极拳无论是想练功夫还是想养生,都不能对古代拳论不知、不从。

因为过去的几代人靠太极拳这个玩意儿吃饭,加之当时的环境也极度地开发了人的潜能,因此就让这种拳术达到了巅峰,所以老几代人留下来的练拳心得、拳谱拳论,是非常值得我们真正喜爱太极拳的爱好者们重视的。

在老拳谱当中有"先求开展,后求紧凑"这么一句话。什么是开展呢?就是将所练习的拳架子打得大开大合,将周身原来拘谨不通的地方都借此给它打开。而后续的紧凑则是对此的提升。这就好比任何精美绝伦的艺术品都是从大到小、从粗到细的加工过程一样,每一个程序都不能逾越,每一个程序都是为下一个程序做准备,下一个程序又是之前一个程序的提升。

太极拳是个细致的活,是个需要长年累月不断完善的活。很多人练了一辈子的大架子不知还有紧凑架的练法,乃至练拳不知何为紧凑。紧凑就是将开展的架子向小巧、圆活、劲整、轻灵去演变。小架子的特点就是步小架活,拿脚要灵,落脚要轻,轻拿轻放,如履薄冰,才能练出太极的轻灵劲。

如果说大架子是用开展把人体的构架进行了拆迁,那么紧凑架子就是一番重建。例如,出去的脚只有在小步眼的前提下才能避免带动实腿的重心产生移动。只有这样,实腿才能安舒,身体自然也就中正，周身也就能更好地整体放松。

练太极拳从开始到结束的过程必须做到行云流水、连绵不绝，以腰为轴，如环无端，养成始终松腰落胯、腰为主宰的好习惯。如此才能做到一环扣一环的圆形运动。是圆就得有圆心，腰就是太极拳的圆心。

太极拳怎么练都不能离开松。但是开展架子就没有紧凑架子在松上落实得好。松什么呢？松肩坠肘、松腰落胯、松膝到脚。只有能处处都保持松，才能处处都保持圆活，周身的劲才能做到曲蓄而有余。如此，以腰为轴的圆形运动才能有余地做到意气换得灵，值此方能感受到什么叫作圆活之趣。大架子在变转上就不具备这样的优势。然功夫高深者练低架则不在此例。故未到功夫深入时，宜在紧凑架子上去寻求大架子久练无成的瓶颈突破。

太极本无法，一动即法。太极拳是一门很高深的学问，这门学问有着完整的进阶习练体系。现在我们之所以练拳很久也达不到理想的程度，原因之一就是我们练的都是掐头去尾、残缺不全的内容。

# 七

# 太极本是先天拳　对可如斯错不然

　　太极拳和其他拳术是不一样的。下面我把它不一样的地方说一下，希望能对真正喜欢它的拳友们有切实的帮助。

　　因为太极拳属于先天拳，而人是后天状态，所以练这种拳要先把后天的身体习惯和思维意识化掉。这就好似把铁放到炼钢炉里进行焚化回炉的道理一样，然后再把铁水按照新的模具样式进行塑造。而其他拳术是把铁直接进行加工。如果练太极拳做不到回炉，那么就等同于走形式。所以在古传古法里对于下手的第一步功夫谓之：返本还源，重塑道体。

　　化自己的方法是从脚下开始的。《太极拳论》开篇说"太极者，无极而生。"指的就是练太极拳要先从无极桩开始，而无极桩的练法又是从脚下开始的。那种一上来就抱浑圆桩的练法属于越级。通过无极桩理顺人体的杂乱，将提气变成沉气，将无根变成有根。而这个过程都是通过松来实现的。如果不松就和原来的状态没有什么本质的不同，哪怕你是按照无极桩的姿态站也不行。太极有身法也有心法，想练好它没那么简单。

　　松从脚下始。这和普遍的从上往下松的习惯截然不同。练不出来以及练得不是那么回事，和没有搞懂也有关系。老子说："反者，道之动。弱者，道之用。"太极就是道。练它和用它你不与平时相反就不行。譬如古拳谱里说的"后发至人"，不得法的人就说这讲的是以静待动。实际不然。静是不慌不乱，但不意味不动。我告诉各位，这句话被省略了两个字——先化。完整来说应该是先化后发而至人。所以，练太极拳的每个式子都是收回来再放出去。这样就不会犯了顶的毛病，发人就巧。

因为开始是后天返先天的化劲过程，所以脚下必须要松。而在出去的式子里用的是暗劲，这种暗劲讲究蓄而不发、含而不露，所以脚下仍然要保持松。只有松才能有利于气血的畅通，气血通畅才能心想、意到、气至而力自生，此乃太极拳不用力而有力的练习奥妙之一。所以在古谱《周身大要论》中说："二要遍体气流行，一定继续不能停。"但有人又提到古谱里明明不是说"五趾抓地上弯弓，束肋下气把裆撑"吗？这就是古法不出，今法浅薄之所在。此为练明劲的刚发之论，是练实战打人发劲的，没有好的松柔，发放也不是那么回事。道统的不完整是目前太极拳表面繁荣发展的隐患！

我看现在有些老师讲开胯、开肩等还是不错的。但是问题又出来了：没有感知下的掌控就是这些练法存在的问题。比如一些老师讲开胯，是直接从动作上说明运用的方法，而忽略了开发身体的各个部位是要在感知下才能更好地形成的。这样才能开发适度，才有机化，而不是无机的，才能把无过不及落实到处处，才能让同样的时间内产生最大的效率比。感知就是心意在内，掌控就是调形于外，这样前提下的周身动、开根节就好似手从一个圆洞伸入箱子里，通过感知而进行调控。如此才是心身合一，练的才是太极，否则就不合身心合一之理，分而不合练得就不是太极。

因为这是一种反常道的行为，所以如果我们还是按照平时的理解去做就仍然不会有效果。比如我上面说的感知完全是指脚下而言，是身体任何一个部位的变化都要建立在脚下的感知的基础上所进行的才对。脚下感知舒服了，周身肯定也是舒服的，这种情况下才能谈及立身中正。中正就是处在中间，是正正好好的那个位置与状态。这样才能做到既不紧也不懈。"其根在脚"的作用就在此，而不是死站死踩。练太极拳求活忌死。

脚下有根，练腰才能有的放矢，合乎法度。练拳时腰不能不转，也不能乱转，始终要以脚下安舒作为转动范畴的准星，只有以此为前提才能做到"腹内松净气腾然"，练拳才能从始至终圆活轻灵，体内才能产生极大的热量，而非出汗。此热量近乎于烫，实乃气血畅通充盈之表现。腰动以脚为感知下的练法就会带动胯形成对丹田的转动，这也是古传太极的奥妙之一。只是若有一丝做得不对则还不是那么回事。因此说"差之毫厘，谬之千里"。这在内功修炼上谓之："纵识朱砂与黑铅，不知火候也如闲。大都全藉修持力，毫发差殊不结丹。"

无论是修炼还是练拳，古法都极为重视脊背。但是这里都是有次第的。当从脚下形成先天状态并把这种状态延伸到腰部后，才能开始进入脊背的练习内容。真实的太极发力实际就是力由脊发的。前期所说的松沉到脚是形成后期脊背发力的铺垫。还是那句话，周身都要无过不及的处处合度。不以脚下的感知作为标准，就都无法实现。同样的脊背发力的练习，这就是太极拳所独有的练习方法。脊背发力必须形成弓状。玩劲是身体标板溜直的样子，真练真动手就如动物之间的争斗，弓腰拢背，蓄势待发。古老的心意六合拳是最好的例子。我们李氏古传太极与之也是一致的。只想养生可以不必这么练，但若想技击必须这么练。

太极先练体，再练气，后练神。体不松柔，部位不开则气路不通。引体令柔，导气令和。体柔气才能和，才能谈及"行气如九曲珠无微不到"。体松气盈，这和体有关；梢领气贯，也和体有关。所以，体练至关重要。但体练不是外形身体好看的体，那样是错的。正如上文所讲，肉是松的，里面的骨是撑的，要会接骨斗榫。所以体练指的不是外形好不好看。体练最终还是为了进入气练，否则体练就失去了意义，太极拳独特的体练要求也就没有了价值。不通过体练来实现气的内壮，就无法练出内在的功夫。脚下生根及到腰的练习阶段为自然呼吸，此为壮气法；脊背练习阶段为逆腹式呼吸，此为运气法；肩以上练习阶段为内呼吸胎息，此为养气法。

　　内气是人体本有，空气为外部本有。练功是通过呼吸空气来对体内实现压强的效果。古法谓之鼓荡，亦名橐龠，实际就是通过呼吸的变化实现腹内压，进而达到吸、提、撮、闭四诀在内功上的功效。此为任督二脉小周天的功法。任督小周天通则十二正经的大周天也会相应地通。周身通则呼吸又归于自然，但周身渐而成混元气态，层次与之前又有所不同。有内气的练拳在古传古法中叫作"行功走架"。练拳时内里才不会空，神才能有内在的依止。故在古法里对于进入第二步功夫的内练过程称为"初神以气为归依"。而在第三步功夫的内练过程则为："气以神为归依"。此时再按照古传古法练更高层次的"神拳"。即用心眼看着"自己"在眼前打拳，以及内视"自己"在身体里面打拳。最终以实现神气和合、空明圆满为目的。

## 八

## 且听真传一句话　莫信假传万言空

　　站桩在古传的练法当中有很多法门。法门之所以多，很大程度和练习的人的根器有关系。譬如有人见流水而能得道，有人却是观白云方才解脱。所以练法种种，因人不同。

　　空是一种极高的境界，也是一种万籁俱寂、排除杂念、澄清慧海的归一。这种境界首先需要一个静字。静是很难的。在过去，有一种站桩法对此颇有一番窍门，就是往远处看，看得越远越好，最好是能看到这天地自然的尽头。当把眼神放的望无所望了，心里也就感觉到空了，要不怎么说，"野旷天低树，江清月近人"呢！

　　其实，真传就几句话。慧根好、福报足的，绝对没有问题。正所谓，真传一句话，假传万卷书。要不怎么说练拳是用减法呢！为学日益就是加法，这体现在练太极拳的数量上；而为道要日损，这体现在练拳的质量上。不损则无法见道，道在太极拳上而言就是太极拳的本质。一个明白的老师真要是想教你，必是给你模棱去角，削掉你多余的东西。要不怎么说大道至简，伪道必繁呢！练拳也好，站桩也罢，做不到"远看山有色，近听水无声"是不行的。

　　学拳要从站桩开始，站桩要做到"养气忘言守，降心为不为"。养气者未必能养心，但养心者必能养气。忘言守就是养心，而不是用心。养和用虽然仅仅是一字之差，对心的效果却有着天壤之别。降不是刻意的，刻意就不是那么回事了。"拳无拳，意无意，有意无意是真意"，说的都是这么个有无之间的事儿。古人说的多好啊："明月松间照，清泉石上流。"任你如何，我自岿然。这说的也是一个静字。归根结底，都没有离开我们的那颗心。

练拳也好，站桩也罢，心都是要静下来这样才能将后天转而变先天，其中妙处难以言表，只有亲身去练的人才知道，谁练谁得，谁得谁知。这种事情是来不得半点投机取巧的。静，不是方法，而是一层妙义。有人把静理解为静悄悄，那是不对的。人对某一件事物的专注，不被周围事物影响其进入的状态，即为静，练拳站桩都是如此。越想静的人反而静不了。静是先后天的一个分水岭，做到极致处，真可谓"人在桥上走，水在桥下流"矣！

为什么心静是先天和后天的区别特征呢？很简单，在我们平时的状态下心是不静的，这叫后天，后天状态下，肌肉是相对紧张的。所以，你看练一个小时的大体力运动和打两个小时的太极拳都出很多汗。可练太极拳却气不长喘，面不改色。一摸脉搏，那些搞专业练体育的就奇怪了，弄不明白是因为什么。这就是先后天的状态下的差异性所在。这正是"浮香绕曲岸，圆影覆华池。"

练拳是动态的静，站桩是静态的动，动静相因，二者缺一不可。没有桩功基础的拳是没有根的浮摆，有桩功的拳才是有根的灵动。但是站桩怎么才是正确的，怎么站才能静下来，让后天返先天呢？文字的描述终究是镜中看花、水中望月，难以具体形象。所以古人说得十分好："纸上得来终觉浅，绝知此事要躬行。"说白了就一个字：练！而练的前提就是得正法。

## 九

## 以心行气气运身　欲打先养方为真

太极拳到底是用来打的，还是用来养的？这个话题在太极拳界的争论由来已久，众说不一。其实，太极拳既是用来打的，也是用来养的。这就好比太极的原理既能指挥太极拳的练习与应用，也可以将这种原理应用于政治、经济、生活、工作等方面的情况是一样的。

但太极拳怎么练是养，怎么练是打？这里是有其门道的。并不是会练太极拳了，练了多少年就能自然而然地达到养或者打的效果。下面，我就给大家讲一下这里面到底有着怎样的不同。

首先，一定要记住一点，养和打各有其独立的一套原理和练法。其次，想能打就必须基于养。否则打不了，就算打也不是太极拳所独有的打。所以太极拳的养和打既是有区别的，也是有关联的。

如果只是为了养，那么练气即可。如果是为了打，不仅涉及如何练气，还涉及如何练筋、骨、膜和从始到终都要有攻防意识，要在每一个动作的身法、步法、手法、眼法上按照老辈人总结出来的位置、角度去练习、去熟悉，进而在时间和空间上达到一个超乎凡俗的理解及习惯的范畴。

后者的这些是前者所涉及不到的，所以养的练法不能实战，这是现在练太极拳者的普遍现象，因为绝大多数人无论练了多久的太极拳也都不知道练拳当中还要有我说的这些事情。如果你都不知道，你又怎么会在练习的时候意识到，你意识不到当然也就练不到，自然也就实战不了。

不能实战不说，养这一块也会大打折扣。譬如，很多人都不知道练太极拳必须有气贯穿于始终不可，所以就没在意过这个气，也没感受到这个气，甚至是因为自己没有而反驳这个气的存在。

气，是人人都有的，无论是古人还是今人，无论是中国人还是外国人，人人都有。中医若离开了气，整个框架就会坍塌。瑜伽（气脉）、藏密（宝瓶气）、道家（元炁）离开了气就无法修行。在太极拳的诸多古谱和一代代习练者的心得体会记载中也都会提及气。一切的事实都意味着气是存在的。所以，练太极拳若没有气，就是由于不得法所致。不承认气的存在就意味自己练得不对。

那气是怎么形成的呢？大家都知道练太极拳要注意松。松有很多好处和用处，但最主要的就是能由中得气。练太极拳还要注意静，静也有很多好处和用处，但最主要的就是为了凝神。只有神凝才能提及用意，用意才能用得妙。因为神凝则意专，神散则意乱。神凝之下的用意不用力和神散之下的用意不用力是有着天壤之别的。

练太极拳还要注意慢。慢也有很多好处和用处，但最主要的就是为了行气。如果说，松是为了让气能够畅通，静是为了能够更好地感受气的畅通，那么，慢就是为了更好地将气在体内运行。这就是古谱里所说的"以心行气，务令沉着，乃能收敛入骨"。

"以心行气"不是大家以为的气在体内像水一样流动。那种认知都是小说和影视作品看多了所致。太极拳中的气是遍布周身、浑灏磅礴的那种。它是一种大气，和丹道中的气在大、小周天行走的情况截然不同。这种气在练拳的时候是不走某一条具体气脉的。

因此，练拳松、静、慢都是为了围绕气而对习练者提出的严格要求。不这样练拳，就不是太极拳，没有太极拳的味道，也不会有效果，和其他的拳术、运动也没有本质的区别。

另外，想在养上实现最大的效果还要在涌泉、关元、神阙、命门、腰阳关、两肾、膻中、夹脊、百会、玄膺等穴位上有特殊的要求。这些要则是生精贮气之窍，是行气通关之门，它们在整个养的体系中有着举足轻重、不可或缺的分量。所以练太极拳想要达到超出身体活动的效果，想要练出功夫，就要在所练法门中有这些内容。

通过这些，习练者就能渐渐做到精固、气足、神凝了。古人说："天有三宝，日月星；地有三宝，水火风；人有三宝，精气神。"《心印经》也说："上药三品，神与气精。"所以太极拳的养是具体到精、气、神上才可以的。

太极拳涉及打，是离不得劲力作用的。所谓的不用力就能打人，特定条件下玩一玩行，真正实战则根本不好使。气不是用来打人的，但用来打人的那个劲的形成却又是离不得气的。

有气形成的力和无气形成的力截然不同。有气形成的力是在有气的前提下不用力而形成的力，无气形成的力是在无气的前提下用力而形成的力。这能一样吗？因此，武式太极拳创始人武禹襄先生曾说："有气者无力，无气者纯刚。"所以说，太极拳的打是建立在养的基础上的，当然，也可以说太极拳的打是建立在气的基础上的。养气是练太极拳一个至关重要的方面。

## 十

## 练拳不懂养中秘　　百炼千锤功不长

  1997年，我去北京的时候，我的陈式太极拳老师马国相先生让我代他去拜访冯志强老先生，顺便请他指点拳艺。老先生人非常好，下楼接、下楼送。期间言辞和蔼，朴实近人，没有一点大师的架子。

  他高贵的武术家品质和深厚的太极功夫给我留下了极为深刻的印象。每每回忆起来，音容笑貌犹如就在眼前。我的太极成长之路和传播情怀也不乏受他的这种人格魅力的影响。

  他所创编的"混元太极"受到很多人的喜欢，但混元太极是老先生晚年的大成之作，是他在前半生通过和陈发科与胡耀真两位老先生的学习、体悟之后才逐渐形成的，所以他前期的功夫并不是练"混元太极"练出来的，那个时候也没有形成"混元太极"。

  因此，学"混元太极"若直接上手很难达到理想的效果，这也是很多习练者深有感触的。而对如何练好"混元太极"，我浅谈一下我的个人看法，与大家一起学习。

  首先，练"混元太极"要能充分认识到什么叫作"专而不专，不专而专"。这对于其他太极拳习练也是一样的。

  任何拳术练习都离不得力、重、轻这三种客观存在的现象，太极拳相对很多拳术又多了一个气的现象。练太极拳虽有"用意不用力"之说，但不用力不意味着绝对没有力。重是沉着之意，故有松沉之语；轻为灵活之喻，故有活泼之说；气乃能量之源，故有鼓荡之感。

老先生对此说道："若专求力则凝滞不灵，专求重则圆转不活，专求气则拘泥不通，专求轻则神意涣散。"

这极容易让习练者误解。实际上，专是指单独侧重某一点，这么做当然是不对的，但因此而因噎废食也是不对的。正确的练法四点都要兼顾，如此才是对的。另外，练拳不可落于求字之下乘。正所谓，有心练拳，无心成功。不求自得得真得，一求即错错上错。世间事也是这么个道理。

世间事无非身、心二字而已，练太极拳亦然。所以练拳归根结底都非要在身上、心中做一番功课不可。不如此，则一切付出皆是舍本求末，随波逐流。故老先生说："要言之，身外形顺，无形中自增力感；心内中和，无形中自增灵感。"

此是对于前述之四专而言，即内力如何增加？轻灵如何获得？答案就是：身外形顺；心内中和。然形顺又绝非身体之随意运动。常言：没有规矩不成方圆。故形顺是有其规矩要点的。要点大致有三：一是肩松、腰活、步稳；二是周身接骨斗榫；三是开合收放有度。不如此则谓之乱动。而若想做到这些又离不得心中那一点中和之意思。外之表源于内之里。形之三要来自心之运使。故，心为主宰是也。

故，老先生命名其所造之拳有"心意"二字。但此二字非持守中和而不可，若不中和则偏于一隅矣。所练之拳即不合太极二字。这么去练才有"练至功行圆满时，凝神于丹田则身重如山，化神成虚灵则身轻如羽"的可能。

神是什么呢？神发自于心。心为宅室，神为宅中之人。宅室不可或动，然神可或动。故心不动为本体，心中一动即为用，即神是也。老先生说凝神、化神，而不说凝心、化心即为此理。然身重如山之效非凝神于丹田而来，身轻如羽之妙亦非化神成虚灵而成，此皆是遵循前之身外形顺，心内中和的要领习练而得。不如此，即使凝神于丹田亦无身重如山之效，化神成虚灵也无身轻如羽之妙。而身重如山也好，身轻如羽也罢，皆是功效状态的比喻，实则是不可能的。

然练到深处确有很多内景妙感超出平日之想象，可前提是得练对。练拳必须心内中和，心如何则身如何。故武式太极拳创始人武禹襄先生曾说："先在心，后在身。身虽动，心贵静。"可见，在练拳的从始至终对心的看重。

身动心静，这是太极拳的一大特征，也是练太极拳的一大奥妙。所以老先生说："静练出真功，功夫长进快。静养灵根气化神，处处静，时时静，行立坐卧不离静，静中求动生太极，不静不见动之奇。"

如此才能避免"心躁气浮，急于求成"。那么，心静重要性到底有何意义呢？之前不是提到过神嘛。老先生说："心不静则神不宁，心肾不交则神气不通。"其重点就在于欲想神气相通须心肾相交。这里涉及的内容就属于深层次的了。

就拳术而言，心肾交为太极内功之必须；就修行而言，心肾交又是丹道正法之要则。然心、肾二物为人体之固定位置脏器，怎能相交？以心中之神交肾中之气是也。故心静是为了神宁，身动是为了气活，并加以意念将心神投入肾气当中，则神气相抱，此法即谓之"万象归根"。只有这样练才是太极拳，岂独"混元太极"一拳耳。所以若仅仅是外表转来摇去的焉能和老先生之拳学底蕴符合。

老先生说："十年练拳，十年养气。"此语诚不虚也。练拳若不知养，则拳法横冲直撞，形破体，力出尖，有失太和之象。何为太和？阴阳平衡，行拳之姿与气韵神态皆一片雍容是也。所以，练太极拳要"以养为本，以慢为宜"。因慢练有益于气息的平稳，心神的宁静，进而有助于神气相抱于"归根之处"。神气相抱是怎样一种感受呢？古人说："如鸡孵卵，如龙养珠。"涵涵默默，恍恍惚惚。老子也说："生而不有，为而不恃，功成而弗居。"此皆心法是也。

如此一番则谓养，不如此这般则谓伤。然老先生说："须清心寡欲，平心静气，太极太和"，则"自然达到练精化气，练气化神，练神还虚，虚至虚灵之境。"这是不可能的。

若习练之中还有人我之相存在，则炼精化气、炼气化神、炼神还虚、虚至虚灵之境是不可能的，得练到人我两忘方有这种效果的可能。可拳是动的，想能从中达到神气相抱，物我两忘而入虚灵之境太难了。

老先生也没有达到这种程度，否则寿到百岁，身康体健也应该是一个功效验证。尊重不是神化，要尊重事实。老先生的为人和给后世留下来的健身养生的技艺就足够得到后人的尊重了。

炼精化气、炼气化神、炼神还虚等乃道家少阳一脉的法序，非文始一脉之真宗。太极拳的精要虽属于文始一脉，但要在练拳中做到以宇宙为洪炉，以自身为药物，以天地之气为橐龠，以元神为火候之把持。难！难！难！！！

所以老先生此处所说的第一不合乎众生绝大多数之根器，第二不合乎理义之根本。故习练者可忽略其说，只须好好在练拳过程中做好养护即可。所以练拳要心内中和、身外形顺、心身泰然、神气两安。当能身康体健，益寿延年矣！

说一千，道一万。身松则能气通，心安则可神宁。欲期练有所得，须先做到身心能容。我虽所言多结合老先生之"混元太极"，然亦通行通用于任何太极。太极本一，从来无二。所不同的是形式而已，是人有分别之心而已。

世间的太极拳有名的、无名的有很多，并非只有陈、杨、武、吴、孙、李、和、王其和这些国家级非遗。如金陵太极、太极元功、龙形太极、犹龙太极等这些名声不显的也是历代皆有高人存在。太极这个圈子，若是有心去了解历史，越是深入了解就越会心存敬畏，感叹江山代有才人出，你方唱罢我登场的太极繁华。

金陵太极始于唐代，兴于清嘉靖年间，由当时的金陵人（今南京）谷氏兄弟发扬光大，后续的传承据我所知，在天津有陈家泰先生一脉。

太极元功始于唐代，兴于清朝末年北京"公爷府"张公爷处，盛名于"京东四李"的"快手李"李恩荣时，后由其弟子张克宽传到吉林省吉林市，至今传人不绝。

龙形太极是中华人民共和国成立之初的武术大家高紫云先生所传之内容，发源不详，在北京现仍传承有续。吴式太极拳一代大师杨禹廷先生的弟子吴式名家王辉璞先生开始就是经人举荐向高紫云先生学这门太极，但是太难练，所以由高紫云先生又推荐到杨禹廷先生处。

犹龙太极是武当山紫霄宫高道培元尘祖师在清末下山传给当时在北京端王府任职的司新三祖师。司新三祖师是武术大家，在那个时代的人都是知道的。后来他把这身绝技只传给了自己的外甥张振之先师。后张振之先师定居天津，此技艺也就在天津扎了根。因其难练，且传承严谨，守着老规矩，故传人非常少。

总而言之，太极的世界很精彩，千万不要被自己练习的一技一艺束缚了视野。人活一世，草木一秋。两眼一闭不睁了，什么也就都跟着没了。所以，大家要打开心门，放开视野，你会发现太极的世界原来还有那么多的美好和奥妙静候着你……

## 十一

## 骨肉分离别有奇　脊柱行拳勿迟疑

拳重在于悟，然悟须来之于练。练不得法，当然也就没有感悟（身体感受与心灵触动）或者以为自己感悟的是对的，其实是错的。那么，如何才能有感悟且感悟的不会是错的呢？必须要在练法正确与否上来判断，而练法的正确与否又要看是否与古拳理、拳论相契合。

我总说，身知胜过心知。什么意思呢？就是说，你心里认为已经很明白了，可你身体上的感受，以及所呈现出来的东西却不是那么回事，那么这就不是真的明白。什么时候，功夫上身了，身体明白了，心里才算是真的明白了。

有了内在的感觉，我们才能在享受太极拳的快乐中开心地度过每一天。如果缺少了内在的感觉，那么，练拳就如同做操，费力不讨好，和做其他的运动也就没有什么根本的不同了。

那太极拳的"内在感觉"又是什么呢？下面这几点就是验证你是否练对了，或者说你要反思你是否练对了的检验标准。请大家对照下文看一看你身上有没有这些练拳的感觉。

第一，"骨升肉降"的感觉。"骨升肉降"是指习练者骨架挺拔上撑的同时，又伴随着肌肉松柔下坠的感觉。这种感觉是怎么形成的呢？离不开松与撑的矛盾统一。因为我们受着地球引力的作用，若想练拳时保持任一拳式姿态，就必须要保证周身骨架的相互搭建，进而形成支撑。

不练拳的人肌肉会随着这种支撑过于紧张，故练拳的人必须要和不练拳的人在这上面有根本的不同，否则练拳就没意义了。所以正确的练法首先必须要做到"骨撑肉松"的效果，也就是"骨升肉降"。

"骨升肉降"还被称为"骨肉分离"。有人说如同脱骨扒鸡似的，只要将鸡骨架提起来一抖，鸡肉就会离骨脱落。此为比喻骨和肉在练法正确下的体感。对于"骨肉分离"更为准确的说法是骨和肉的功能性分离。即骨和关节在"劲起于脚，发之于腿，主宰于腰，形于手指"过程中的上升与肌肉在此过程中的松沉的功能。

在整个过程中，肌肉和骨都是成正比的反向运动作用，且这个作用的过程是匀速的、匀力的。难就难在这一点上。但会者不难，难者不会，功到自然成，会了也就是上身了，上身了又何难之有呢？千言万语一个字，练！练的前提是必须要得正法。

第二，"自身重量"的感觉。这种感觉是指我们在行拳时，会觉得四肢会有负重一般的沉坠感，这是非常可喜的一种现象。因为大家在日常的生活工作中为了对抗地球的引力以达到目的而常常用力过度，这种过于用力习惯的形成，会造成我们对肢体自身重量的无法察觉。而练太极拳就是要恢复这种察觉，否则和其他的运动就没有什么本质的不同。

例如，你在行拳时感受到四肢的沉重，就说明你的身体真正放松了，放松的质量越好，肩、胯关节松开的程度就越大，前臂和小腿的沉重感就会越强。且随着功夫的深入，前臂的沉重感会深入到手掌、手指，随即前臂的沉重感逐渐消失；小腿的沉重感会深入到脚掌、脚趾，随即小腿的沉重感逐渐消失。得正法勤加习练，人人都可以获得这样有趣的感受。

很多人会对此感到好奇，为什么会有这种沉重感，怎么可能会有这种沉重感呢？我可以非常负责任地告诉大家，只要得正法，勤加习练，在"骨撑肉松"的练法下，这种沉重感太正常不过了。

这种沉重感就是基于正确"松功"的练法而来，在历代各流派的太极拳著述中都有过提及，所以练太极拳没有沉重感才不正常。现在大家应该明白了，这种沉重感和人的肌肉运动状态与地球引力之间的作用变化是息息相关的。

能松沉到脚下，劲就能起于脚下。沉到脚下就是作用力，起于脚下就是反作用力，这二者之间犹如皮球落地，着地即弹，故有"借力如弹簧"之喻。因此，太极拳讲究"借地之力"，而不是"蹬地之力"。如果都感受不到松沉为何物，当然就永远都不知道不蹬地依然能够行拳有力。

沉与起的衔接转换是瞬间的，是同时的。本门祖师李瑞东在秘谱里留有"其间不能容发"之说，即衔接转换、收放化发连头发丝那么细的间隙都不能有。其实，沉重感只是一个阶段，下一个阶段则是沉重感消失，进入非沉非轻的层次。想练到这一步关键是要得明师传正法法脉，方能拾阶而上。正所谓，明师一点，胜过苦练、瞎练十年。

第三，"脊柱行拳"的感觉。"脊柱行拳"是在以上所说的基础上，腰、胸、肩、尾、头这五者必须要按照古拳理、拳论进行变化，从而建立"脊柱行拳"的条件。

建立"脊柱行拳"就是彻底解决以四肢运动为主的不正确的练拳习惯，也就是我们平常所说的"以身带手""用身体玩四肢"。如何才能做到呢？首先要找到腰。这个腰不是腰围，而是命门的那个点，要学会松这个点。能松腰方能真正懂得到底什么叫作腰。我们的太极周身行气法和李氏古传太极十三势对找到腰的方法是最快的。

腰为一身之枢纽，故有"腰为主宰""以腰为轴"之说。腰能松了，胸、肩、头、尾也就自然而然发生变化了。反过来说，胸、肩、头、尾能变化了，腰也就松了。这些变化就能使整个脊柱发生变化。只有脊柱变化了，自然就能做到"脊柱行拳"了。

还远远没有练到这个程度的你可能会好奇"脊柱行拳"是什么感觉。我可以告诉大家，当脊柱发生变化后，上肢和下肢在肩关节和胯关节处就好像挂在上面似的，松开了，不敢乱动了、不会乱动了。行拳时，随着每一个拳势动作的动静开合而如机器齿轮般被动地咬合着身体去动。

脊柱从始至终保持着如月牙般的弓形，这也叫作"背弓"。"背弓"会把脚下的劲传到手上去。在整个行拳的过程中，脊柱的椎节和韧带、肌肉都会进行着细微的蠕动，这是唯有练到这一层次才能"谁练谁知"的奇妙感觉。

练太极拳必须要记住，动手不动腰为僵手，迈步不用腰为死步。上肢要体会"以脊带臂"的感觉，下肢要体会"步随脊换"的感觉。这都是"脊柱行拳"的体现。

"脊柱行拳"的过程中，一定要做到"前后张弛"。也就是随着每一个动作拳势的蓄发开合而或张或弛。例如，拳势收化时的蓄劲，脊柱要随之微微形成后弓，此称为"吞"；拳势转为发放时的发劲，脊柱要随之微微前驰，此称为"吐"。这就是拳谱里所指的"蓄劲如张弓，发劲如放箭"。脊背之弓不拉开（吞），劲这支箭又怎么可能放出得脆而远呢！

第四，"周身一家"的感觉。能做到以上三点，方可逐渐感受到什么叫作"周身一家"。"周身一家"也叫"上下相随"，也叫"一动无有不动，一静无有不静"。因为真正的太极拳练法当中是不允许身体局部运动的，不单单是举手投足，就连一个呼吸、一个眼神，甚至一个意念，无不是太极拳整体运动的组成部分。这种整体运动观，是太极拳区别于日常生活中及其他一些运动项目的重要特征之一。

杨澄甫先生曾经强调过："练太极拳者不动手，动手便非太极拳。"初级阶段是练形，要体会"太极无手，腰便是手"的感觉，也就是上述"脊柱行拳"的感觉。

中级阶段是练气，应体会"太极无手，气便是手"的感觉，要求丹田的内息能够顺应拳势的变化，使丹田的内息和拳势动作相辅相成、互引互随，身体有开合胀缩感。

高级阶段是练神，须体会"太极无手，神便是手"的感觉，要求以心行气，以气运身，使神意、内息、动作三者高度结合，不分彼此。让行拳从大圈到小圈，从小圈到圆点。无论上下、前后、左右，高度地浓缩为一个整体。

## 十二

## 松紧紧松勿过正　松紧适中乃真功

练太极拳都知道松很重要，却很少有人提出以及认识到紧的必要性。太极是阴阳并存的，缺了哪一个都绝对不能称为太极。拳既然叫太极，则要处处都从阴阳并存的角度去考虑。因此，松和紧是必须要在太极拳的整个练习中时刻存在的。

提到松和紧的关系，"桩功大王"王芗斋先生有一句话说的很好："松紧紧松勿过正。"这是对松紧适中一个言简意赅的概括。正，就是正正好好；过正，就是偏松或者偏紧；偏松，练拳就会懈；偏紧，练拳就会僵，懈和僵都不对。懈着的拳就容易瘪，练一辈子也没有掤劲的可能；僵着的拳肯定会顶，练一辈子也感受不到柔化是怎么回事。

很多人都非常信服柔能克刚的说辞。但认真想想，柔不能克刚的事情也有很多啊。譬如水属于柔，火属于刚，水固然可以灭火，但火势极大也可以把水烧汽化了。这个世界只有相对的克，没有绝对的克。所以不能片面地理解练太极拳只能松着练，那是错误的。

真正的松其实是不松的，因为里面有紧的成分。它是松紧适中的，不是我们从字面上理解的放松的松、不使劲的松。柔不是松，柔是一种功夫，是一个层次的产物，它来自松紧适中。柔和就好似一个气球里装满了水，你一按它，它颤颤巍巍地富有弹性。太极拳是阴阳共存、松紧对等的。

我学太极拳也曾走过弯路。我也是一开始直接就从套路学起的，可那是不对的。在很久很久之前，我也认为不受力就是练太极拳的放松原理，和人推手不使劲儿，顺着对方的来力不顶就是对的。实际上这是大错特错的。

所谓的太极拳不受力是指遇到来力时给它转走，而这是非常符合物理学原理的。因为在三维及三维以下的世界里，力的作用效果是由力点、力的方向、力的大小作为最基本的条件。当你不能改变来力方向的时候，也就不存在化，你也化不了。所以练太极拳为什么要处处都是圆的？这个就是原因之一。

而这个圆，过于紧着练则必会凸，有凸必顶，必出尖儿；过于松着练则必会凹，有凹必瘪，必无掤劲。达到松紧适中的程度，练拳才能无有凹凸、无有断续、无有缺陷。只有圆才具备这个特点特征。太极拳不这么练就品味不出它与其他运动的不同之处。所以练太极拳要慢、要静、要轻、要松、要顺、要整、要稳，否则，松紧就无法练出适中来，圆就无法成为真正的圆。

慢则稳，稳则松，松则顺，顺则整，整则轻，轻则静。太极拳练的是动中守静，以静待动。静并非一动不动，而是周身一片灵机，是轻灵劲。有了轻灵劲才能对外界的变化听得分明，反应得及时。正所谓："动急则急应，动缓则缓随。一羽不能加，蝇虫不能落。"这种令人神往的功夫境界非静以轻灵、听觉敏锐而不能也。

练太极拳除了这些，还要牢记不许轻易地动胳膊。太极拳不好练就在于两个地方，一个是与我们的思维、习惯不一样，是相反的；另一个是改变习惯需要一个很漫长的过程。前者是对习惯乃至心理上很大的制约过程，后者是对恒心、耐心的考验过程。改变习惯不容易，但要用漫长的时间去坚持这个改变更不容易！

练太极拳，开始要往脚上练，脚上有了，再往腰胯上练，腰胯上有了，再往身形上练，身形上有了才往两臂上练。这就是下盘、中盘、上盘三层的练法次第。

在具体的习练中，开始的时候要往松、软、慢上练。松是针对习练者原有的紧而言的练法要求，软是针对习练者原有的硬而言的练法要求，慢是针对习练者原有的急而言的练法要求。练得可以了，满足要求标准了，再往缠、绕、裹上练。

缠是周身缠滚，绕是周身转动，裹是其小无内，往一个点上聚集周身的劲力。小到不可小，犹如原子核的浓缩铀，此为收、为蓄。大到无限大，犹如原子弹的爆炸，此为放、为发。这都是过去太极拳的核心练法之一。此全是意，意在形先，意到形到，意气为君，骨肉为臣，和力气没有半点关系。故太极练法用意不用力。

做到了这些，还要往捻、拧、定上练。捻是手上指诀的练法，拧是下肢的练法，定就是中定。正所谓，"腰如皮带腿如钻，眼似流星手似电。钻翻拧裹，崩弹惊炸。"收即是放，放即是收。收在胯上，发也在胯上。无论收放都不能失中，只有不失中的练才能收发由心，渐至随心所欲、欲罢不能。此皆是懂劲之功。久而久之，屈伸开合听天然，阶及神明矣！我们李氏太极拳的练法也是过去老太极的练法。

## 十三

## 松静空连匀合圆　歌诀引领练好拳

太极拳是一项极好的老少皆宜的运动。其历史源远流长，其理法博大精深。所以在初始习拳之际若探究其中的滋味，多半无知无觉。然在正确练习的前提下，练之即久则会对其独有之处渐有体会。此后行拳才知道什么叫作真正的身心舒爽，无出其右了。下面我就练拳中的一些奥妙做以罗列，希望对大家有益。

有人总结说，松松松，太极功，太极不松不成功。松，是我们练太极拳的一个要求。但要认识到一个问题，即松于一开始是方法，是手段，是对几十年形成的紧的一种平衡。那种一味的松，不知道到底为了什么而松，则必然会松过了头，松过了头就是懈。我常讲，真松者不松。这说的就是松到火候后的功效、功夫。因为松是为了平衡紧，能松紧平衡了也就是松紧适中了。这个时候松的状态就是形成太极功的条件之一。因为松紧适中就是阴阳平衡，阴阳平衡就是太极。这样平衡状态下练出来的功就叫作太极功。理法歌诀对此曰："太极练法贵在柔，摧僵化拙松上求。三节四梢九曲转，棉里藏针亦不愁。"

练拳从一开始的时候就必须要让心静下来。怎么静？把杂念收回来，神识专注于腹内。用腹感受周身的安逸并沉浸于其中，然后静到极致时心身思动，再一式一式地串联不已，连绵不断。外形式子虽然是动的，但神却安静地守于内而不外散。另外，身子虽动，但不可乱动，要动的自然顺遂，这叫作体静。理法歌诀对此有曰:"憨憨厚厚如泥塑,安安静静水一潭。静极思动动犹静,玄门奥秘别有天。"

再说空。这是松达到一定程度后的感受,并非想出来的空,也不是练出来的。正如禅定不是想着定就能定的,而是静到极致自然就定。所以,空是周身松紧适中的状态达到一定程度后产生的通透功效。通了内里就会有中空之感。借地之力、节节贯穿才能提及并感受到。理法歌诀对此曰:"空即是色色即空,空空色色同不同。色到空时空自有,空不即色终无功。"

练太极拳要式式相连不断,给人观之有如行云流水。然连绵不断也是有真有假的,并非一式连着一式即谓之连,连要有抑扬顿挫之体现。正如毛笔字绝非一水儿的完成一个字型的道理。太极的圈就是相连不断,但这个圈里阴阳的走动过程却总是不出四个字:盈虚消长。过去文化高的老前辈用作文章的四个字来形容,即:起、承、转、合。这也的确是练拳每个式子和整个套路下来的精髓所在。理法歌诀对此曰:"世人但知水潺潺,几个从中能了然。好似文章要做好,起承转合贵难言。"

现在很多人练太极拳都做不到匀称,这是不行的。老前辈对此用"运劲如抽丝"形容。这就好比"用迈步如猫行"来形象的说明动作的轻灵一样。但这仍然是一个表面上的东西,而不是方法。匀是速度匀、力度匀。无论是速度还是力度都和力有关系,而太极拳又是遵循太极之理将人和天地合到一体的,所以我们练太极拳有"借地之力"一说。用哪儿借呢?用脚下,"劲起于脚"说的就是这个意思。但是借力不能用力,一用力,就借不上力,之前借的力就荡然无存了。

这其实是物理学原理,不是神学。有些人没练到自然也理解不到,不知道这是怎么回事,就取笑不用脚蹬地是不对的,实际不对的反倒是他。真法不渡无缘之人!借力的过程中,人体要练出导体性，也就是把自己周身都松开了成为一个导体，"肌肉若一"即为此意。成为导体还不行，还得把周身的关节转动起来，它是传导借地之力的齿轮，肌肉是传送带。整个人体机器传导力的速度和力度都是匀称的。能练到这个程度，拳意岂止是上手，周身都是拳意了，妙得很。理法歌诀对此曰："劲从脚起为源头，腿发腰宰勿停留。经从脊背贯梢末，绵密匀称乃根由。"

拳术是人体的动态和静态相结合的行为，所以离不开人体姿态结构的合理性，这就涉及了外三合。没有外三合，即使能做到内三合也无法实现拳术技击的效果。这就好比你有钱，但是不会合理的花钱一样。内外三合其实就是在手脚齐到的一身灵活当中要保持整的条件，同时内里的意气要和形合上。比如手到脚到的时候意也得带动气到。

总的来说，练太极是要练出功才行的。有了功就相当于体内有了一杆秤，周身哪里合没合住自己是知道的，所以不求合而顺着感知的调整自然能合。太极为什么要慢？其中一个原理就是在这个合的过程中要把气血走的饱满并到达梢节上。饱满谓之气宜鼓荡，走到梢节谓之气贯血梢。不慢着练，动作完成了，气血效果还没实现就结束了，那不行。

另外，六合指的是六面力，即上下、前后、左右。上下要开中有合，合中有开，前后、左右之间也要开中有合，合中有开。这样练才能练出冲之不散、撞之不开的整体力。理法歌诀对此曰："上下奥妙人不晓，前后本能众周知。若能左右明技巧，一圆圈里有乾坤。"

最后要说的就是离圆非太极，太极拳的理就是太极的理，太极的理通过太极图得以呈象，太极图即为圆也。阴阳鱼只有在这个圆形当中才能盈虚消长，保持均衡而无有间断。因此在练太极拳的时候，其动静虚实也不可违背此理。所以练对了，就能感受到周身关节都是圆滚滚、活泼泼的一动无有不动的转动。否则，不仅体现不出太极拳的独有特点，自身也丝毫感受不到里面的妙趣。理法歌诀对此曰："太极呈象一个圆，寓示练法圈套圈。周身转圜无棱角，悠然辗转断亦连。"

## 十四

## 按照十则心法做　练拳提升不会错

　　现在学习太极拳、喜欢太极拳的人越来越多，但很少有人能知晓太极拳在练习时的那些奥妙。很多人被锻炼身体的太极操所误导，因此，练了十几、二十几年仍然不得其门而入者也不少。

　　现在有很多人问习练国套的杨式太极拳是否能练出真功夫？我回复他练不出来的。其实，无论什么流派的太极拳，不管是多少个式，根本不是能否练出真功夫的关键所在，关键在于无论练什么流派、多少式太极拳，你是否按照传统太极拳的那些要求去做，以及做到了。

　　譬如含胸拔背，这是传统太极拳里最为紧要的练法之一。无论是什么流派，不这么练就无法气沉丹田，也就无法拿住丹田练内功，无法感受到什么叫作以腰为轴，更甭提什么腰为主宰。可国套却是反对含胸拔背的，说那不美观，是驼背。

　　体操就是挺胸挺腰的。所以太极拳和太极操的区别之一就在于胸和腰的状态。这也是现在的人看不明白过去的老拳师练拳的照片和视频，甚至冷嘲热讽人家这也不对，那也不对。这是传统太极拳乃至传统文化在这个时代的悲哀。

　　我不遗余力地传播太极拳的正确练法，在谎言说了一千遍已经成为"真理"的今天，在很多人自扫门前雪的当下，确有人微言轻之憾。但若无"我不入地狱，谁入地狱"的说真话精神，对太极拳的真爱二字又从何谈起呢！亦盼更多有着满满正能量的有识之士和我一起为传统太极拳、传统文化的卫道护法共同努力！

我将练拳中一些有实际意义的练法诀窍摘录于下，希望对太极拳爱好者们的练习有所帮助，也能对太极操的练习者们有所提醒。

第一，凡是前进的动作，脚跟先落地，然后再随着全脚掌的踏实轻柔地移动重心，而重心的移动必须是通过以腰带胯来实现的；凡是后退的动作，大脚趾先落地，然后再随着全脚掌的踏实轻柔地移动重心，而重心的移动也必须是通过以腰带胯来实现的。

第二，凡是式子和式子转换的动作，应先把身体的重心点安置稳定再拿脚迈步。要牢记和做到身随步转，步随身换，否则必然会在动静之间不得机不得势。得机得势指的就是自己时机掌握得好，周身一整。如果腰腿不合一，这些则无从谈起。

第三，凡是收掌的动作，手掌心都应微微内含，但又不要五指懈劲。收掌的动作要五指有拿捏之意思。凡是出掌的动作，除注意沉肩垂肘外，同时手腕要微向下塌，但不可弯得太死，掌心要顺势微吐，五指指根舒展，意气往指梢上贯注。

第四，凡是前臂向外旋的动作，意注小指一侧微微向外分挂，好似向外拧劲一般；凡是前臂向内旋时，意注拇指一侧微微向外掤挑，好似向里裹劲一般。前臂和手腕是一个整体。拳谚说得好："手随腕转，来往莫教空翻。"说的就是手指在练拳当中如上的些许变化。

第五，凡是动作的变转，全都是虚腿和实腿的交替衔接。衔接的关键就在于松好腰隙，将意气贯注在腰胯间。衔接转换都是用腰胯来实现的，所以有"刻刻留心在腰间"一说。同时，这里有意识地向下松垂灵活，也有助于气沉丹田。

第六，凡是起的、合的、曲的、蓄的动作都是吸气的状态，反之则错，应改之；凡是落的、开的、伸的、发的动作都是呼气的状态，反之则错，应改之。

第七，练拳要心静、体松、气顺、神宁、息匀，如此才能在做每一个动作时，内外相合。看似外动，实则内里神意气附着于其上。练外即是练内也。这是太极拳为什么要重视外部动作的一大原因所在，否则和打坐无异，或不如打坐矣！

第八，一定要在每一动作的本身和动作与动作之间，体现出刚柔并济的变化和连绵不断的完整。刚柔并济非指发劲，而是收和放、蓄和发在气血上的作用。意到气到力自到。柔时含而不露、蓄而不发，刚时发落点整、舒指坐腕，周身劲路饱满可见。舍此则为柔有余而刚不足。

第九，拳势呼吸简单地说，就是呼吸能够与外部拳势的收放、开合、蓄发的变化契合为一。这实际说的就是"太极拳十要"当中的"内外相合"。

第十，心静、体松是太极拳最基本的要求。每一个动作都须在松、静的基础上进行，也就是要把松、静贯注于练太极拳的全过程。反之，紧和乱的太极拳练习会是什么样子，大家想一想，试一试自知。

正所谓，快从慢中来。太极拳不是没有快的内容，但它是先从慢练、松练、静练中来的。慢练为体，快练为用。天下武功，唯快不破。太极拳的"彼不动，己不动，彼微动，己先动"，即是其到了后来仍然是要练快的一大佐证。

# 第八章

## 李氏太极杨氏传　追根溯源话老拳
【古秘】

# 一

## 道破千年玄秘旨　奥妙全在功法里

　　我们李氏太极拳是由杨式太极拳发展而来，既是本门李瑞东祖师对杨禄躔先师武学的继承，又是在继承的基础上融合诸家拳术之精华的发展。在过去，门内也常常称所练太极为"老杨式"，意谓是杨家的过去练法。可随着本门祖师爷在武术界影响力的增大和拳风特点、武学思想的形成，武术界渐渐承认了李氏太极的存在。这个演变过程和杨禄躔先师学于陈长兴先师之后又形成了杨式太极拳；武禹襄先生学于陈清平先生之后又形成了武式太极拳等的情况都极为相同。那么，从本章开始我将对过去的老练法从不同的角度加以阐述。

　　在过去，杨式太极拳在门内叫作十三势。十三势是太极拳的根，无论什么太极拳都离不开十三势的内容。如果想练好杨式太极拳，就一定要弄清到底什么是十三势，十三势练的又是什么。

　　十三势并不是招式，更不是套路。它既可以说是一部功法，也可以说是一部心法。所以老辈人才会口口相传说它是练任何太极拳的根。而围绕这部功法和心法，王宗岳先师留有《十三势行功歌》对其精要处作了大致的说明。我们今天就带着大家通过这篇文章来破译它、了解它。我十分相信，读懂了这些，对大家太极拳水平的提升将是不可估量的。

　　练太极拳要求处处都是圆，离圆非太极这是大家都知道的。因此，一套太极拳打下来必须要做到环环相扣、圈圈相套才行。而只要是圆，就肯定要有圆心，太极拳的这个圆心就在腰上，所以拳谱里有"腰为主宰""以腰为轴"这样的话。

　　大家对这个腰虽然也很重视，但却很少有人能够认识到这个腰到底指的是什么，大多都认为它是腰部的一圈或者是两个肾。这种认识是错误的。只要是圆，它的特点特征就必然不可缺失这两个：其一，圆心只能是个点，而不能是个面；其二，圆心必然是在中间，并且不能在偏离中间、中心的地方。

　　那身上符合这两个特点的地方在哪呢？《十三势行功歌》开篇就指出："十三总势莫轻视，命意源头在腰隙。"腰隙者，即圆心是也。再具体一点儿说，就是肚脐后面的命门穴处。因此，练太极拳亦有命门外突之说。然命门是穴位，摸不到、看不见，说其能外突岂不是滑稽之谈？故再具体一点儿说，实际是在腰椎的第二和第三椎节处的缝隙处所产生的椎节变化。

　　练太极拳不能让此处变化则无法练出内功。因为命门者，生命之门，元气之本也。这个"门"在世俗人的身上是闭合的，在修行者和练拳人的身上却是必须要打开的，不如此则不能显内家关窍之奥妙。所以练太极内功心法的总机关，首先是打开命门。而开命门不可用力气，只须着意于命门处，使其微微变化向后去一点即可。

　　腰这个点发生了变化之后就不许再有变化，必须要保持住这种变化的感觉、变化的状态，否则，周身之气则不能畅通无阻，气不通畅则功力亦不充足。试想焉有经脉不通者尚能力气无穷呢？如果经脉闭塞，显然是不可能内气通畅的。所以在练拳过程中要随着每个式子的变换转动留意腰隙这个点，这样就可"遍体气流行，变转自轻灵"。这实则说的都是内里的练气功夫。故这一层心法在《十三势行功歌》中用"变转虚实须留意，气遍身躯不稍滞"来告诉大家要怎么去做。

　　而想要将这层心法落实得好，还得在静字上下一番功夫。这个静，是太极拳的一大关键。大家基本上都会认为这个静说的是心静,实则不然。此静非仅局限于心,还涉及体,即体静也。

体静不是不动,而是指动得有序、动得舒服、动得协调、动得适度。在过去练拳有"静如秀女"这句话,这说的不是安静得像秀女一般。秀女也是人,也要有行、立、坐、卧,但其动如春风和煦,其止若秋水一池。在太极拳的习练中得是这么个静。

只有做到这样的静,才能更好地去平衡练拳中的动,才能在动中感受到平时感受不到的一些微妙。没有静,则极容易变成盲动、乱动,在应敌之时就不能随机应变。因此,如果想习练出真正的太极拳功夫,就要如《十三势行功歌》中所说的:"静中触动动犹静,因敌变化示神奇。势势存心揆用意,得来不觉费工时。"前者说的是静中有动、动中有静的重要性和作用性,后者说的是想达到这样的功效就要时时刻刻都保持歌诀前面所说的状态。只有这样,你的一切付出就必然会有回报。

做到了这些心法的要求还不行,这只是心法的一个层面,练拳过程中的太极心法还没有完。接下来,王宗岳先师在《十三势行功歌》中又告诉后人:"刻刻留心在腰间。腹内松净气腾然。尾闾中正神贯顶,满身轻利顶头悬。"

大家如果细心一点,就会发现这一段中出现了"腰间"这个词。是把腰隙误作腰间了吗?不是的。大家一定要记住,腰隙是命门,腰间则是指的腰、腹、胯之间那个大丹田,简称腰间。那为什么开篇不说"命意源头在腰间"呢?这里的门道就是所谓的"不说不知道,一说真奇妙"了。

因为命门这个门若不开,丹田这里就用不了。若想丹田这里有真变化,则必须要先能打开命门。打开命门谓之开关,丹田顺势运转起来谓之展窍。开关展窍之后,心神、心意还得时刻都要注意命门,勿忘勿助。

我看现今有丹田内转一说。因此,很多人在练拳的时候人为地去转动腹部。丹田内转不是不对，而是人为的转动不对。这就好似太极拳用力打到人身上不对，不用力却自然有力的打到人身上是对的。这就是人为的和自然的区别。所以《十三势行功歌》中告诉了我们心法的运用是"腹内松净气腾然"，而不是转动腹内气腾然。人为的转动腹内就会用力，则与腹内松静不合也。那就不能气腾然了，也就没有气遍周身的鼓荡感。所以松静在太极拳习练中的作用非常重要。

达到了气腾然的效果还不行，还要把气纳入气脉之中。其犹如此前井中无水要使其有水，有水之后要使其进入沟渠的道理一样。怎么做才能把腾然之气纳入气脉之中呢？顶领、肩松、肘坠、胸含、背拔、护肫、气沉、掖胯。做到这些，则尾闾不求正而自正，其正以与鼻头一齐为准。如此百会和会阴上下则虚虚地对上，此为开中脉之法，是上面的神和下面的气合二为一之法。

只有按照这些一层层的心法去练，才是真正的太极拳。所以《十三势行功歌》中告诉后人说："仔细留心向推求，屈伸开合听自由。"听自由不是随意，而是功架、关窍、神意气都对了，那么水到渠自成，就不用管那么多了。

这些要领必须要经过老师的当面传授才行，因为这些要领在身法上、动态中做得是不是正确，自己是不知道的，所以《十三势行功歌》中说："入门引路须口授，功夫无息法自修。"

太极拳是心身并练、阴阳不偏的拳术。心身二者的各自诀窍缺一而不可，可在二者之间又以内在的精神、意气为主体，以身形、身法为辅助。若不如此，则不为内家拳，也无法练到内，练内亦是不得法，极为容易练过。因此，《十三势行功歌》在体用主次上强调说："若言体用何为准，意气君来骨肉臣。"

意气作为练拳功效的核心所在，这是太极拳作为内家拳，也是大家要把它练得符合内家拳的重要所在。没有了意气在内的作用，人体的脏腑就不能得到更好的养护，而十三势心法这些作用的最终目的就是为了让练拳者延年益寿、身康体健。所以《十三势行功歌》对"意气君来骨肉沉"这个心法应用的目的如是说："详推用意终何在，益寿延年不老春。"意思就是告诉后人，想要延年益寿就得按照"行功歌"中的这些心法一层层的去练。

## 二

## 八五内功怎练成　开关展窍讲分明

"杨八五"是一代宗师杨澄甫所创，学习的人很多。究其原因，绝大部分都是为了有一个健康的身体和注重养生而学习的。这种初衷已经成为大家学习"杨八五"约定俗成的认识。

但怎么能够真正达到这个效果呢？像我们现在每天这样练就能成吗？这恰恰是打了多少年拳也没有效果的"资深练家子们"所困惑的，拳打万遍，效果也没有自现！为什么？因为大家按照现在这种认识和练习的方法去做是不对的。

我想，没有人会真的认为以杨澄甫这种宗师级的水平所编创出来的"杨八五"仅仅是依靠外表动作的舒展大方与柔和匀缓就能达到保健康、治疾病、能养生的效果吧？结论不言而喻，"杨八五"绝对不会是表面上这么简单。

例如，我们应该都听过，太极拳是内家拳，而之所以被称为内家拳，当然是注重这个"内"字了。而这个"内"字，指的就是内功。所以，内功才是支撑这套"杨八五"的灵魂。那么，你练的"杨八五"里面有内功吗？

什么是内功？即内气在神意的作用下于人体的窍位和经脉里的炼化、运行。也可以说，内功既是在人体内部所做的一番工夫，同时也通过这番工夫进而练出内在的功夫。

所以在练"杨八五"的过程中有没有内功的参与是能否练有所得的关键。这是我送给真心喜爱"杨八五"的习练者们一个善意的提醒。

或许有的人会很好奇自己练的"杨八五"里有无内功要如何进行判断？我告诉各位，首先，你在"杨八五"的练习中要能感受到"气"；其次，这个"气"是遍布周身、从头到脚、从里到外的磅礴浩瀚；最后，能在习练中感受到密布于身体四周的大气圈。

上面所说的"气"感的三个现象是一层层练出来的，是效果，不是练法，练法正确了，效果自然就有了。这个"气圈"是肉眼看不到的。虽然看不到，但是习练者本人练到这个层面是能感受到的，这就是古拳谱里所说的"势"。

就是因为有了这种"气圈"，所以在整个行功走架的过程当中，拳势都是饱满的。这种饱满不是做作出来的硬撑。这种效果，唯有在周身松透的情况下，内气才能由里向外地散开。这就是练"杨八五"十分强调松的一个原因所在。

这种松和放松截然不同，具体不同在哪里？首先，要做到松开。只有松开了才能松沉。松开是就开关展窍而言的，涉及的是身体上的关与窍。其次，要做到松沉。松沉来自松开。关窍非松而不开，内气非开而不沉。只有松沉到脚打开涌泉穴，腿上的功夫才能出来，老寒腿、膝关节损伤、足跟痛、静脉曲张等腿疾才能转好。再次，要做到松活。能松沉而不能松活，则犹如得千金而不懂善用。内气到脚是一番工夫，去而复返，周而复始又是另一番工夫。最后，能松活还要能轻灵，只有这样才能练出懂劲的功夫。正所谓："轻灵活泼求懂劲"。

所以说，"杨八五"绝非动作招式，也不是我们平时以为的放松。作为内功练法，单单在一个松字上就须经过松开、松沉、松活、轻灵、松透这些层次。这是"杨八五"不为人知的秘密所在。各位可以冷静地想一想，你练的"杨八五"里面有这些内容吗？很多人练了许多年也练不出来什么，就是因为不得内功之次第法要。

想做到"杨八五"的这个内功练法，光是松还不行，还要掌握内在的窍，这些窍是练内功必不可少的。譬如拳谱上记载"尾闾中正神贯顶"，说的是百会和会阴两个窍，在"杨八五"的内功练法中，百会为天门，会阴为地户。正所谓："开天门，闭地户。"说的就是这个。在练法上则是通过"尾闾中正神贯顶"来实现的。

这里面都有实实在在的练法，关键点在于"火候"二字，即尾闾和百会没有变化不行，变得过了也不行，这就得通过火候来调配。拳谱上对此概括为八个字："不偏不倚，无过不及。"

这两个窍能动得适度，合乎法度，就会把上、中、下三个丹田串在一条虚无的线上。这条线也叫作"中脉"，它能让三田相连，中气贯通往来于"天（门）地（户）"之间。

练"杨八五"的时候，要保持住"中脉"的状态。每一个动作招式都要围绕着这个看不见的"中脉"转动。所以练拳不许折腰，不许低头，不许撅臀，其实都是为了内功修炼。

说到这里，大家应该有恍然大悟之感。但这样还不行，还要具体地做到开关展窍才行，否则"中脉"上下绝无通透的可能。这些窍包括百会、天目、肩井、膻中、夹脊、神阙、命门、关元、长强、会阴、涌泉。在拳谱上对此有如下的说辞："尾闾中正神贯顶""命意源头在腰隙""刻刻留心在腰间""腹内松净气腾然""含胸拔背""提顶吊裆"等。实际上，这些都是为了贯通"中脉"。

"中脉"形成之后，还要会动"尾巴骨"，也就是我们所说的尾椎。这个地方特别的重要。其如船尾之舵，船头无论向哪个方向行驶，都得凭借尾舵的变化不可。在行拳中，动作的虚实转换、劲力的收放蓄发、式与式之间的衔接串联都必须由它主导。否则，"中脉"就容易被破坏。

涉及内功的修炼，除了以上所述，还有一个重要的因素就是内呼吸的作用。内呼吸者，风也。在"内功秘谱"里有言："呼吸之往来如橐龠"。内呼吸不同于外呼吸。内呼吸既包括脐腹部的收放，也包括胸腹部的往复。

而外呼吸仅仅是口鼻的呼吸出入罢了，两者在性质上截然不同，但在原理上是一样的，所以古拳谱里会借用外呼吸来说明内呼吸。其实际意义是为了用人们能懂之事理去帮助人们认识不懂之事物。可是很多人都没搞明白，所以还停留在外呼吸上。

这种内呼吸是怎么形成的呢？就是上面所说的开关展窍后的"中脉"形成下的产物。你只要具备了内呼吸，就能感觉到外呼吸好像没有了似的。当然，这更多的是一种错觉。只是，外呼吸的确变得很轻、很淡，几乎微不可察，这就是内功练法的神奇所在。

只有"断"了外呼吸，才能形成内呼吸。内呼吸是体内更深层面的内作用。为了这种内呼吸的形成不受到破坏，杨澄甫先生对"杨八五"的习练提出了"松腰""沉肩坠肘""气沉丹田""上下相随""内外相合""连绵不断"的练法要求。

以上是在"杨八五"的动态练拳过程中想要保持内呼吸缺一不可的六要素。前三个很多人多多少少还能做到，但是后三个却很少有人能做到。因为，现在市面上的"杨八五"练法与老练法已经出现了偏离。

譬如，上下相随。什么是上下相随？手脚的彼此相互就随即上下相随，即上动下亦动，下动上亦动。舍此皆违背了上下相随的练习要求。而今很多习练者几乎都是下肢动作定型，上肢还处于运动当中，这怎么能叫作上下相随呢？

古谱里说得好："一动无有不动，一静无有不静。"指的就是练拳时不能上动下静。正确的练法是上动而下随之，中间与和；下动而上随之，中间仍与和；中间动而上下共随之，三节以为合。古传的"杨八五"就是这么练的。就目前能够找到的影像资料来看，董虎岭先生的演练是难得少有的正确示范。

我为什么如此强调上下相随呢？因为内呼吸与拳势动作息息相关，交错不齐的动和上下相随的动会影响内呼吸的内作用质量。这种区别就好比快速奔跑则引动外呼吸必然是急促的；安静休息则引动外呼吸必然是平缓的道理一样，拳势的开合愈加合理则内呼吸的质量也就愈加高。

以上这些应该会让很多"杨八五"的习练者、喜爱者感到震惊或兴奋，因为知道了"杨八五"果然不是如市面上教的、练的那么简单；知道了自己怎么练都练不好的原因所在。

因此，我常说："习练'杨八五'者多如牛毛，练有所成者凤羽麟角。"此非排挤他人，而是实话。君若不信，一思自己练拳是否知道这些，做到了这些？二看或问身边练得时间更久的人是否知道这些，做到了这些？

## 三

## 中正安舒神贯顶　尾闾长强两不同

在《十三势行功歌》中有"尾闾中正神贯顶"一语，这是对练太极拳，乃至想练好太极拳的人的重要指导。但是很多人不知道，或者有些人做了却做得不对。这里的关键首先就在于没有搞清尾闾指的到底是哪里，其次是没有正确解析什么是中正。这两点缺哪一个你都没法练好太极拳，更不要提两个都搞错了。

在《庄子·秋水》中有"天下之水，莫大于海。万川归之，不知何时止而不盈；尾闾泄之，不知何时已而不虚"之句，这是尾闾一词最早的出处。从中可知，尾闾者，海水之聚而泄之口也！

所以凡是认定长强穴即尾闾者都是错的。因为人体之气血犹如江河湖海，经络血管好似渠径沟壑，在如此对应下，任督二脉又为周身气血的总归之海。因此，尾闾所处位置实际指的是会阴。

会阴为督、任、冲三脉的交会之处，此处又聚集在人体两阴之间，故名会阴。所以任督二脉为人体十二经络之六阴经、六阳经最终的汇聚之所，无论任脉还是督脉，低而泄之者皆在此处。故真正的尾闾指的是这里。

在道家的丹道修行体系中，小周天是关系着整个修行层面的关键一环。而小周天启动的标志就是背后（督脉）三关会有内景效应显现，其中，尾闾关即为启动的第一关。故道家有"开关展窍"一说。在小周天阶段，开关开的就是尾闾、夹脊、玉枕这三关。关就好像城门关，通过了就能见到城里的景象，这就叫作内景。关不开，窍不展，人体内部的奥秘就无从感知到。

为什么通关要在尾闾关呢？这就好比火箭发射，推动它的能量在下端。所以通背后三关实际就是人体能量聚集在尾闾这个部位首先达到相当冲击量的时候的效果。这在印度瑜伽的修行体系中称为"根达尼"。只是用词描述的不同，实际上都是一回事。

当然，这不是我们这篇文章所要表述的所在。我只是要告诉大家人体尾闾到底指的是什么，进而我们练太极拳时才能结合正确的认识去理解并做对。在开篇的时候我曾提到，认定长强穴即尾闾是错的，但这并不是说习练太极拳的时候和长强穴没有关系，实际上不仅有关系且关系还非常紧密。更准确地说，长强穴是骶骨乃至骶髂关节这一块。练太极拳，这个地方必须要能活且内收进去。

也许大家看到这里会马上做试验体验，如果是这样，那么你可能感觉不到什么变化，或者变化了之后感觉不是那么舒服。这两种情况都是普遍的现象。为什么呢？

很多人都说太极拳是很科学的，但又说不明白科学在哪里。我告诉大家，它的科学之处在于合理的运动及整体的构建，说白了，就是要多处部位同时产生变化。因此，上述两个问题就是因为没有多处产生变化，尤其是腰（命门）这个位置。

我们练太极拳应该都听过松腰这个要求要领吧？在《十三势行功歌》的开篇即告诉我们："十三总势莫轻视，命意源头在腰隙。"所以练太极拳中的要求都是有前人的实践话语作为依据的。只有松腰才能真正地让尾骨活起来。

我们可以找找资料看看杨澄甫先生的拳姿拳势，在现在看来肯定是不好看的，而且有些姿势倾斜得还很明显，完全不符合现在的太极拳练习的规矩。但大家敢说他是错的吗？其实，古代的太极拳恰恰就是这么练的！因为，当人整体都朝着一个目标去做的时候，它只能是这样呈现。这就好似百米起跑时必须在听到起跑口令"各就位"时蹲下；听到"预备"时，下肢角度发生变化,身体跟着前倾。然后听到"砰"的一声枪响,再以最大的蹬地之力结合前倾角产生最佳的起跑推动力。否则,优雅的站立是永远也不会有瞬间爆发起跑的效果的。

同理,只有松腰才能让尾骨活且舒服,想要尾骨能做前收运动就必须要松腰,这个时候结合练拳中的不同姿势,大多时间里身体都不会是标准溜直的,而这恰恰是练太极拳正确的结果。

练太极拳的人应该都知道,太极拳是阴阳共存且须平衡转换的运动,可以说,其无处不阴阳。阴阳是就内与外看得见和看不见而言的。所以在太极拳的正确练习中,不仅要有阳的、看得见的、摸得着的部位的整体结构变化,还要有阴的、看不见的、摸不着的内里神、意、气、窍、筋骨的变化。而这种阴的变化必须借助阳的变化。这是一切高级拳术体系的奥妙所在,也是内功练法的重要条件所在,更是人人可以复制、可以实操的科学性所在。

在了解了这些之后,大家应该已经把尾闾的定义及如何让尾骨动起来的原理搞清楚了,尾骨动这个太极的阳是为了实现百会和会阴上下虚虚相对的阴也搞清楚了,剩下的就是对这种变化后的火候的拿捏以及保持。这就涉及了中正。

中者,不偏不倚;正者,正正好好。周身的变化尺度能做到不偏不倚、正正好好,即谓之中正。只要能做到这一点,则神自贯顶,自然顶头悬。练拳时就能从始到终感觉到轻松圆活了,是谓"尾闾正中神贯顶,满身轻利顶头悬"。所以,尾闾中正不等于收臀,这是各位一定要明白的。

## 四

## 拿住丹田练内功　杨八五拳展雄风

我们总说练拳者多如牛毛，练有所成者凤毛麟角。练太极操者居多，练太极拳者稀少。操者，指练的拳里没有功；拳者，指练的拳里有内功。怎么能让拳里有内功呢？就是要"拿住丹田"。如何拿住丹田呢？

丹田，不是武术当中的用语，它本是道家修炼丹道的专属词汇。我们很多人都认为腹部就是丹田，其实这是不对的。但为了能够简单说明，我们暂且将腹部称为丹田吧。

为什么要提到这个问题呢？在丹道修炼中，有无丹不田一说。借此之喻，也可以说在练太极拳的过程中，如果做不到心虚腹实，当然也就无"丹田"可拿可练了。

那如何才能形成"丹田"建立的条件呢？这就要将阴阳学说作为练法说明的依据。古代练法在拳谱上说得已经很清楚了"一处有一处虚实，处处总此一虚实"。它的意思就是说，太极拳没有一处是不能分出阴阳的，但无论怎么分，它也都有一个总的原则作为划分的依据。

譬如上下即为一个阴阳，因此，若想下面的关元穴形成"丹田有物"，就必须要在胸部中间的膻中穴这里产生变化。这与骑自行车时一侧脚蹬子如果不下去，那么另一侧的脚蹬子就不会上来的道理一样，所以这一处的阴阳必须要有关联性的变化。练太极拳必须要含胸（膻中穴发生变化），错误的练法都是反对含胸的。这也是有些人练了二十年左右杨式太极拳，丹田却从来没有任何感受的原因所在。如果你说自己没有含胸，丹田里也有感觉啊。如果你不是人为强行的，以及心理的作用，那么实际上你已经在不知不觉中做到含胸了。含胸与否的标志就是胸口这里是不是往里自然地凹进去了一些。

其实，老子早在三千年前就说过："虚其心，实其腹。"虚其心就是含胸，不含胸则心气无法下落，腹就不实。而现在练拳的人是实其心，虚其腹，正好反了。所以若想虚其心，非含其胸不可。现在很多教拳的人说含胸容易驼背而坚决地反对，那么我就要问一问了，杨澄甫先生作为"杨八五"的创编者，他在"练拳十要"中就提到含胸拔背这一练法要领，若是认为现在的练法要求为正确的话，那杨澄甫先生说的就是错的。但是这可能吗？

为什么要含胸虚心，因为人体前面的这条中线主任脉，任脉是阴脉，阴主降、主沉。想气沉丹田，不含胸则无法降气于腹，同时，后面的督脉是阳脉，阳主升、主轻。所以为了便于轻升，必须要拔背，只有拔背才能气贴脊背，才能力由脊发。不如此则练到终生也无法体会气沉丹田是什么感觉，更别说"拿住丹田练内功"了！

想"气沉丹田"除了胸要内含外，还要将腰椎的二、三椎节（命门穴）轻轻地拉开，骶椎（长强穴）轻轻内收，借此进一步地扩大"丹田"纳气的空间。同时，腰椎的松开与含胸是密不可分的，这两个前后的点又为一对阴阳关系。

在古传拳谱《心会论》当中提到"腰为第一主宰，丹田为第一宾辅"，这又是另一对前后的阴阳关系。要知道，能松腰才能落胯，能落胯才能保持"气沉丹田"的效果。这个一试便知。

现在教"杨八五"的人不许学"杨八五"的人含胸、松腰，要求脊椎是笔直的，美其名曰"立身中正"！

太极拳讲究一身备五弓，弓是什么形状的呢？毋庸置疑，上下微微弯曲的形状才是弓，我们的上肢和下肢呈现出这个形状才符合弓的说法，这也是古传拳谱上所说的"曲中求直，直中有曲"。既然这样的为弓无疑，为何偏要追求直中无曲呢？

所以无论是在道理上说不通，还是在这样的练法要求下永远都不会没有"气沉丹田"的感觉，说明这是一种并不符合太极拳练法的谬论指导。什么拳采用这种练法呢？长拳！现在很多人都是在用长拳的练法和身形去练太极拳，还每天乐此不疲，不予反思。

只有在胸、腰、胯三点上按照我说的去做，进而产生结构性的实质变化，"气沉丹田"的效果才能实现。

能"气沉丹田"就可以说"拿住丹田"了。而"拿住丹田"还要在练拳过程中，通过以腰带胯、一胯推一胯来实现丹田的自然内转。这需要先做到松腰落胯，才能提及以腰带胯，丹田自转。因此，松腰落胯非常重要。

其实，练拳的每一个式子都是以腰带胯。以腰带胯是方法，丹田内转是这种方法产生的效果。以腰带胯是整个腰椎、骶髂关节、骶尾关节、髋关节的共同作用。这也是古传拳谱里所说的"刻刻留心在腰间"，即腹部这个"大丹田"的所在，而不是腹部的一个穴位。

杨式太极拳是最为讲究松、重视松的，那种主动的丹田内转不是杨式八十五式太极拳的练法。但腹部这里没有任何反应也绝对是不对的，所以它在老练法上才有上述的那些关键部位的变化要求。古传拳谱里的"腹内松净气腾然"说的就是这个。不掌握这些练法，不按照这些练法要求去做，身体当然就没有任何感受，就搞不懂古人说的到底是什么了！

练拳一定要拿住丹田才能练出内在的功夫，才能感受到内在不同的变化。平时没有拿住丹田的练拳固然对身体也有益处，但是若能加上内里在练拳当中发生的极大变化，则你练的"杨八五"乃至其他任何一种太极拳将突破长久都无法突破的瓶颈，更上一个新台阶，进入那个真正奇妙的太极世界！

# 五

## 杨八五拳之起势　　理法术技见功夫

杨式八十五式太极拳的"起势"（预备式）在很多人看来毫无新奇之处，再平常不过了。其实，这都是不得正法之故。古传拳法的精髓已经被现在市场化的太极拳、浅薄化的太极操糟蹋得几乎殆尽！

杨式八十五式太极拳是杨澄甫先生的定型架。他所言的怕是没有人不重视的吧？且看他是如何交代后人的："人皆于此势易为忽略，殊不知练法、用法，俱根本于此。望学者首当于此注意焉。"

我们很多人都听过"大道至简"这句话。其实，并不是大道理多么简单，而是简单当中蕴含着大道理。所以一个"起势"里面的说道并不像表象看起来那样简单。那么，"起势"里面的不简单在于哪里呢？

杨澄甫先生对此说道："尤要精神内固，气沉丹田，一任自然，不可牵强。守我之静，以待人之动，则内外合一，体用兼全。"

这里的精神内固就是练法的一大关键所在。什么是精神内固？将平时习惯性向外发散的心神收回身体当中就是精神内固。古法云："神回身中气自归。"这里面的奥妙就在这个"回"字上。道家修行中的返观内视、返视内听，说的也都是这个。然这个"回"的关键点是非常有讲究的，它就在"炁穴"上。从内功修炼而言有"昔日遇师真口诀，只教凝神入炁穴"的金句。《十三势行功歌》当中的"十三总势莫轻视，命意源头在腰隙"

"刻刻留心在腰间,腹内松净气腾然""变转虚实须留意,因敌变化示神奇",说的都是这么个事儿。

练太极拳,神气为内里功夫形成的重要条件。因此,杨澄甫先生在"起势"说明当中如此说道:"含胸拔背,不可前俯后仰,沉肩垂肘……松腰胯,而足直踏,平行分开,距离与肩相齐……一任自然,不可牵强。守我之静,以待人之动,则内外合一,体用兼全。"

含胸拔背、沉肩坠肘、松腰落胯,这三个条件就是形成"气沉丹田"这个效果的关键所在,而其拿捏得适度与否皆在一"意"耳!稍一用力就错得不能再错,唯意识到,相对应的骨肉随即发生悄然之变化,方是真谛所在。此犹如意向左看,头眼即自然相随,而不能有意地用力去做动作的道理。故言"一任自然,不可牵强",这八个字又有多少人注意到并做到了呢?而这正是奥妙所在。

"起势"形虽未动,但若能做到这些则其势自具。势者,乃做到以上内容后蕴于内的神气,渐而流于体外的势能。故杨澄甫先生于文字上用的是"势"而非"式"。此都非笔误,或者"势"通假于"式"所造成。实乃饱含深意也!

然以上功夫若不事先通过无极桩的单独练法练至脚下生根,周身通透,及至实现两脚双轻之效,即使按图索骥,照着杨澄甫先生所说的去做亦不得其要、难竟其功。再说得浅白一点。不是学拳的时候往那儿一站,然后开始做打拳的动作就可以的。像我所言,脚下生根,周身通透,定在有隙,两脚双轻。你不经过单独的练习,是绝对不会有这些效果的。

"人皆于此势易为忽略,殊不知练法、用法,俱根本于此。望学者首当于此注意焉。"这是杨澄甫先生在"起势"一文中最后语重心长的一句话。这句话的关键就是"殊不知练法、用法,俱根本于此。"这又是许多人根本就不清楚意所何指的所在。要知,太极拳最注重"中定"的功夫。定就是有根之谓,中就是定性这个有根要建立在中正不偏的情况下,否则就是死根、死站、死法。死的就没有变化,如此,则前进、后退、往左、往右都不能随心所欲。故杨家传抄老谱中的"太极圈"有言:"所难中土不离位,退易进难仔细研。"

  杨澄甫先生就"起势"这个无极桩的效用如是说:"守我之静,以待人之动。则内外合一,体用兼全。"体,指的就是于自身功夫而言。我于其上对神气所做的讲解都是体这个范畴"守我之静"的功夫。而内里的"神气归位"结合外在的"身法变化"就是"内外合一"在体这个范畴的所指。只有在这样的练法下练出"中定"来,才能做到"彼不动,己不动;彼微动,己先动"这一太极拳后发先至的反应。这就是"以待人之动"的以静制动,这又属于用这个范畴的内外合一。所以,后续所有招式的形成都从"起势"这个无极桩上演变而来。因此杨澄甫先生说"体用兼全"。你若不信,可以通过"起势"演示任何一个式子,都比以任一式作为开始去演化其他式子快速。所以杨澄甫先生"语诚不虚也",而我也诠释不假也!

## 六

## 一横一竖有玄机　横竖长短不相齐

有一些练"杨八五"的人私下问我，为什么和师父学了好久，复了好多次课都没有什么本质的效果，每次复课就是不断地纠正拳架子，动作倒的确越来越显得标准、规范、漂亮了，可是内里还是没有什么感觉，和人一推手根本就不是那么回事。问我这到底是怎么回事？

我说无他，教得不对而已。何谓教得不对？只说外面，不说里面，教的必是空架子。太极拳是最讲究阴阳的，只讲外面不讲里面，此为有阳无阴；只重外面而轻里面，此乃多阳少阴。正所谓"孤阴不生，独阳不长"，练者能长功夫才怪了去。又有谓"偏阴偏阳之谓疾"，不练错又怎么可能呢？！

许多人或许不以为然，那么请问你的师父教你怎么练才能得气，而且你得气了吗？若是得气了，你的师父教你如何用意、用气了吗？你的师父教你什么是神，神在拳里到底怎么用，以及到什么层次练什么、怎么练了吗？

没有教，那就是问题的所在。或许你会说你还没到那个程度，那么请问问比你学的时间久的人是否学到了这些、掌握了这些。如果没有，各位也就别再自欺欺人了。

"杨八五"里面到底有没有秘诀呢？我告诉大家，是有的。秘诀是什么？我下面给大家说说"虚领顶劲"。

看到这个秘诀，有的人也许会说，"虚领顶劲"是错的，"虚灵顶劲"才是对的，那到底是"虚领"还是"虚灵"，这个必须要弄清。这个弄不清，练的时候就不知道怎么做才是对的。做得不对，自然就不会长功夫。

很多习练者在练习的时候很是注意头的正直，所以就把头控制得直挺挺的，并在各种不同的动作中也不敢让头的这种状态有丝毫的变化。可这么练下去时日久了，就会感觉颈椎有些僵紧，严重者还会伴随头晕。此皆是用力过度之故。

杨澄甫先生在此"要"的注解中曾有言："顶劲者，头容正直，神贯于顶也。不可用力，用力则项强，气血不能流通，须有虚灵自然之意。非有虚灵顶劲，则精神不能提起也。"

可见，"虚灵"指的就是精神。习练者于此项上去做之时既不可用力，也不可感到头上有力，所以"虚领顶劲"就是告诉习练者不可实领、实顶。故凡有刻意保持头正和挺直者都是错误的。因为杨澄甫先生已经说了，这会造成"气血不能流通"。

所以"虚领"二字则最为相当。因为虚者，非实也；领者，为实也。在实与非实之间的那个顶劲就是我们在练"杨八五"时要掌握拿捏的关键。若头顶上不是这个劲则绝然是错的。我之所说和杨澄甫先生并无二致。

那么，这就是所谓的秘诀吗？当然不是。"虚领顶劲"谁都知道，哪怕我给你们已经说得很明白了，你们也不会觉得这就是秘诀。秘诀、秘诀，就是秘而不宣的诀窍。能不能说呢？能！要不我写这篇文章也就没有意义了。咱不说则已，说就说透。这是我一直以来撰文及普度的宗旨。

虚领顶劲【秘法口诀】：一横一竖有玄机，横竖长短不相齐。妙在金钩从领入，提起龙头上天梯。

以上就是真正做对"虚领顶劲"的秘诀。如果能从口诀歌中悟出如何去做，那你的天赋就是绝顶的。这个秘诀里说的是什么意思呢？

横者即"—"是也，竖者即"｜"是也。此谓"长短不相齐"。常人每每学习太极拳想要做到"虚领顶劲"皆力有不逮,然由此诀之中的方法去做则可立即见效。但如何去做呢?

诀中说"妙在金钩从颌入",就是告诉我们要用意从下颌(俗称下巴颏)处走个短横,随即往头顶正中处一找,此即"提起龙头上天梯"。

那么我们已经知道了,从短横到长竖的路线是一个"」"形的轨迹,可这个拿短找长的秘诀用的是意,而不是力。用意要适当,不可太过。意到形变顶劲生,精神贯顶着法成。用意从下颌略拐弯上找,则顶劲瞬间感觉有了,这法就灵了。

头上有了这个虚虚的灵性,练拳的时候可就不能再让它跑了,它一跑了,人身的顶领劲也就随之丢了,顶领劲丢了,周身的气也就跟着懈了、散了、趴了。

所以拳谱上说:"尾闾中正神贯顶,满身轻利顶头悬。""三要猴头永不抛,问尽天下众英豪。"其实指的都是这个。

# 七

## 气是添年药一枚　挂在灵山号紫薇

上一篇文章中道破了"虚领顶劲"的终极秘诀。凡是看到的人一试就会发现确实不一样。当然，你试的时候千万不能用力，练太极最讲究"用意不用力"，只是从这个点到那个点，两点一碰，瞬间感觉有了，这就算成了。

太极就是虚虚实实，实实虚虚，实也不对，虚也不对，实则虚之，虚则实之。其精妙处总在虚实之间，这种状态是极为让人玩味不已的。关键是你的练法得对。

说到练法对，杨澄甫先生在习练"杨八五"的"练法十要"的第二要里提到了"含胸拔背"，说明这一项很是重要。但很多练"杨八五"的人却反对"含胸拔背"，因为怕驼背弯腰。

那我就要问问你了，为了避免驼背弯腰就不"含胸拔背"了？如果"含胸拔背"就会驼背弯腰吗？那要是按照这个逻辑，"杨八五"的创编者杨澄甫先生反倒是错的了？显然，这是不可能的。所以练"杨八五"的时候必须要"含胸拔背"。为什么必须要"含胸拔背"呢？

杨澄甫解释说："含胸者，胸略内涵，使气沉于丹田也。胸忌挺出，挺出则气涌胸际，上重下轻，脚跟易于浮起。拔背者，气贴于背也。能含胸则自能拔背，能拔背则能力由脊发，所向无敌也。"

从上可知，含胸是为了沉气，不如此则无从做到"气沉丹田"；拔背是为了升气，不这般则难以实现"气贴脊背"。故，为何我们说"杨八五"是内家拳，实因处处皆不离内气的升降是也。不如此这般，所练的"杨八五"就不是真正的"杨八五"。

可是"含胸拔背"对于很多人而言确实很难做到。不是做得不好，就是做成了驼背弯腰，这都是因为练的不得法之故。因为杨澄甫先生只是告诉要"含胸拔背"，以及"含胸拔背"的重大意义，可没有告诉具体怎么做。今天我就把怎么做的秘诀告诉大家。

含胸拔背【秘传口诀】：气是添年药一枚，挂在灵山号紫薇。须凭药王采摘法，倒转金钩将家回。

气，人人本有，却又个个不闻。此中道理恰如老子所说"百姓日用而不知"是也。庄子亦有云："有气则生，无气则死，生者以其气。"故言"气是添年药"。由此可知气的重要性。

若说"虚领顶劲"侧重的是神，那么"含胸拔背"则侧重的是气。故杨澄甫先生在"杨八五"的"练法十要"中将之放到了第二位，且对其意义做了一定的阐释。但后来人仍大多弄不清楚，现结合本门练法秘诀加以说明。

在人体内部有"三田"，分别为下丹田、中丹田、上丹田。丹田乃孕育滋养内气之所，欲要周身气满，先要丹田气足。

而于练法一途言，炼气须先于下丹田始。可人人之气因出离母体之后渐渐上升，后居于胸中伴随我们一生，故有"挂在灵山"之说。灵山即我们心脏所在之地，亦即胸部位置。

此气随着年龄的日渐增长会越来越弱、愈来愈短，及至短得不能再短，油枯灯灭，身死道消。所以就得通过妙法施为而将其"归根复命，返本还源"。即气沉丹田是也。这就是秘诀里所谓的"采摘法"。

此法是怎样的呢？"倒转金钩"是也。上一章我们提到了"妙在金钩从颌入，提起龙头上天梯。"走的是短横长竖的"亅"形，在"含胸拔背"里用的仍然是这个金钩法，但是倒过来使用，走的是短横长竖的"┐"形。

短横在胸部的膻中穴,长竖在腔子里的中轴上。从上面这个点到下面那个点,两点一碰,瞬间感觉有了,这法子就算成了。这就叫作"将家回"。此中全是意的作用,不许有半点力气的掺杂。

心意一动形就变,讲究"肩开肘张背要圆"。气一落下,犹如天降甘露落玉盘,腹内瞬间实而不空。其感真可谓"说无物似有物,似有物又无物"。有也不对,无也不对,妙处只在有无之间。虚中有实,实中有虚,这就是太极。

王宗岳先师在《太极拳论》中亦有言:"虚领顶劲,气沉丹田。不偏不倚,忽隐忽现。"说的就是上者为神,阳也;下者为气,阴也。阴阳不缺,虚实相照,神气相抱。

这是练太极拳的总纲之一。拳法从开始到结束都要保持这样的一个神气相抱的状态。故杨澄甫先生在"杨八五"的练法要点中将此二者放在了开篇的第一和第二位。

下丹田气无论对养生还是技击都尤为重要。故古法有云:"丹田养就长命宝,万两黄金不与人。"这个长命宝说的就是气。然唯喟叹"此般至宝家家有,自是愚人识不全。"

学"杨八五"者无数,练"杨八五"内功者稀少,虽是可惜,但亦是缘法所致,福报使然。故凡得遇此文秘诀者,切切珍而惜之,不可做那"愚人识不全"。

## 八

## 会施金钩真妙法　太极何处不阴阳

杨澄甫先生在"练法十要"中的第三要中提到的是"松腰"。我在之前的文章中就曾说过,"练法十要"的顺序不是随机的、随意的,而是有着杨澄甫先生想要传达的信息在里面。

这正如杨澄甫先生对其家传拳法的改编定型最终是八十五个式子的道理一样,他是想告诉后人,他虽然改拳,但没改练拳的核心,也就是始终没有离开"八门五步"十三势的范畴。

练他改编的这套拳必须要以"十三势"为根本、为核心,去衡量练拳的正确与否才行。所以他改编定型的八十五个式子即寓意"八门五步"十三势是也。否则,他可以多编一些式子或少编一些式子,以及不需要那么多重复的式子。故可见太极十三势的重要。因此,"松腰"排在第三要亦可见对其的重视程度。

而在王宗岳先师流传下来的《十三势行功歌》中开篇曰:"十三总势莫轻视,命意源头在腰隙。"可见腰在"八门五步"当中是何等的重要。而无论什么太极拳都出不了上盘的八门和下盘的五步,即任何招式在手上必然是或掤或捋、或挤或按、或採或挒、或肘或靠;在脚步上必然是或进或退、或顾或盼,而无论进退顾盼又都离不得中定。但以上这些要领的统摄却都在"腰隙"二字上。

"太极腰、太极腰,太极无腰功不高"。所以称"腰隙"为十三势的总势,即统摄。杨澄甫先生自然要把"松腰"放到第三位,而练太极拳若不知道腰怎么松,什么是松腰,若连松腰的命令意识（命意）都没有，那怎么可能练出真正的效果呢？

"松腰"既然这么重要，杨澄甫先生为何没把它放到第一位呢？一是杨澄甫先生是按照从上往下的顺序来说的；二是顶若不领起来，腰这里一松，则会使得周身之气趴了、散了、懈了；三是胸若不含则腰不能松。会含胸则会松腰，不会含胸则不会松腰。各位一试即知。就这么简单。

看到这里，我想各位应该开始重视"松腰"这个要点了，那如何"松腰"，以及"松腰"的体验标准是什么呢？本门古法秘诀对此如此说道。

松腰【秘法口诀】：先天元气此中藏，隐在山凹渐消亡。会施金钩真妙法，太极何处不阴阳！

"松腰"松的不是我们平日里以为的那个腰围，而是腰的椎节之间的缝隙。王宗岳先师称其为"腰隙"。

可腰隙是一个很模糊的概念。因为腰椎二到五椎节之间都可以说是隙，所以这个腰隙就会被很多人误解。其实，秘法口诀对这个腰隙到底是哪儿已经说得很清楚了："先天元气此中藏"。这句口诀说的是什么意思呢？

在《针灸甲乙经》中有言："穴在第二腰椎棘突下，两肾俞之间，当肾间动气处，为元气之根本，生命之门户，故名。"此处所说元气之根，即命门穴是也。所以，腰隙的准确位置就是命门穴而无疑。

这在口诀的第二句中进一步给予开示："隐在山凹渐消亡。"山者，在卦为艮，艮者，在人身为脊背。脊背处的凹陷即腰椎的命门穴处。

凡人的腰椎姿态都是内凹的，很多练拳练功的人也是这样的。那么，元气就被隐藏在这里，生命之门被关闭，所以人的精元就渐渐消耗。因此说"隐在山凹渐消亡"。

怎么才能解救呢？秘法口诀说了："会施金钩真妙法。"在前面的两篇文章中，秘法口诀都提到了"金钩"，可见"金钩"的重要性。而在本门的"钓蟾歌"中也有云："蟾系金钱钱连蟾，金钱钓起海底蟾。蟾钱相连莫相舍，数万金钱一贯串。"

这个歌诀诠释了三个秘法口诀中为什么都有"金钩"一词。因为，只有钩才能钓，钓什么呢？钓金蟾！金蟾是什么？就是蛤蟆。这里是用蛤蟆来打比方。

当按照之前的第二篇文章里"含胸拔背"的秘传口诀做时，气就会下沉到丹田，这个时候腹部就会鼓起来，很像蛤蟆的肚子。而腹部向上是肚脐，它就好像蛤蟆的嘴。

这个地方后面对着的就是命门穴。在练拳练功的过程中，命门穴会前后来回地微动，前面的肚脐也会跟着一收一放，像极了蛤蟆的嘴一张一合。而命门者，《针灸甲乙经》中说了，"肾间动气处"是也。肾在五行中属水，水者应坎卦。坎者，上下虚而中间实，为两阴一阳之交象，其中这个阳爻在道家修行当中寓意的就是金气，故坎卦又有水中金之称。这就是金蟾之名的由来。

回头再说这个"金钩"，实际就是用"金钩法"在胸上一含一落的同时在腰隙处再走那么一横，这样命门穴就开了，这就叫作"会施金钩真妙法"。而在这一系列的变化中，处处都是非阴即阳，非阳即阴，阴中有阳，阳中有阴的关系。如此之练法才合乎拳名太极二字。

实际上，"练法十要"中的这三要是杨澄甫先生对如何在"杨八五"这套拳中做到"拳功一体"的交代。只要保持住这三要，内功的雏形就有了。这是为什么呢？

因为在人体的内部有一条外直内空的中脉，它上通百会，下抵会阴。这条脉是真实存在的，但解剖是看不见的，如同十二正经和奇经八脉。

这条脉是古代道家"修仙得道"的秘道，上、中、下三丹田就在这个中脉上。本门秘谱有曰"三田相连，三才一贯"，说的就是这个。之前的那首"钓蟾歌"的后两句说的也是这个。

这就是历代先贤唯恐后人不识真法而用各种方式不厌其烦地暗示，可又倍加珍惜，怕所传非人而欲语还休，故层层隐喻、首首遮藏，真可谓苦心一片、一片苦心！我今泄露真相玄机，还望各位切切珍惜！！！

以上即为"练法十要"中的前三要必须要做对的道理所在。太极拳不是简简单单的形体动作，不是姿势漂亮的空架子。而我讲的这些就是现今很多人根本就不知道，也没有练到的。

# 第九章

## 顶天立地真妙法　宇内无双独一家
【桩功】

# 一

## 起手筑基有次第　练法循序渐知奇

学太极，需要站桩吗？这是很多人心中的一个疑问。近来，也有学生向我反映某某名家说站桩没用，练太极不用站桩，教站桩的都是糊弄人呢。

我听了后顿感愕然。此话若出自太极票友或"小白"之口也就罢了，可从具有名人效应的练家子嘴里说出来，就未免有些不好了。

我们只要稍微搜索一下少林、武当；外家、内家；形意、八卦、太极等就知道各门各派是否有桩功这一门修炼内容了。

少林桩功是极负盛名的。在少林寺里有中外驰名的"站桩坑"，最基本的练习就是马步桩；峨眉派有十二桩功；形意门有三体式；八卦门有扣步桩、摆步桩；心意门有六合桩；八极拳有两仪桩。这样的例子很多，就不一一列举了。

所以，太极门又有什么例外呢？大名鼎鼎的吴图南就传有"太极功"，那里面的都是桩功。

我可以十分肯定、负责任地告诉大家。学太极拳必须要从站桩开始。有位老前辈说得好："欲知拳真髓，首由站桩起。"这话说得一点也没错。为什么要从站桩起？因为桩者于拳而言，犹如树木扎根于地，乃为基础也。

人世间，万事万物都是从最基础开始的，这涵括无论是建筑高楼还是求学，抑或从政经商。故，此乃千古不易之理，逾理而欲高远则绝无可能也。学太极若不从桩功开始而欲求能达到理想效果,则不啻于镜花水月也,那可真就是"理想很丰满,现实很骨感"了。

提到站桩,站桩是极为讲究次第的。很多人一上来就直接教学习者浑圆桩,这也是错的。这种错误类似于站桩犹如打地基,但是直接从浑圆桩入手就如同地基没打就盖房子。

桩者,根也!站桩的第一目的就是理顺身心上的气息驳杂;第二目的就是松沉到脚、连通地气、脚下生根;第三目的就是借地之力、气贯周身;第四目的就是于拳的动静开合之中处处都能从脚到头到手,上下、前后、左右皆是均匀的膨胀力。

以上四步,是为次第之谓。而其第一步的桩功术语叫作"筑基"。方法是通过无极桩先理顺习练者的身心,然后可得松沉之功。理顺为法,松沉为效。检验的标准是周身关节都有轻松舒服之感、圆活轻安之趣。

很多人的确站了很久的桩,但没有我上面所说的这种体验,这是因为练法不对。譬如必须要从无极桩作为站桩的起手桩。无极桩两脚左右分开站立,两手自然垂于身体两侧。对于这些很多人应该都知道,觉得很简单,这有什么啊!

问题就来了,你认为很简单?三点一线、活百骸、找平衡、得中正、展慧中、松密处、三七分力,这些无极桩中的心法要领没有多少人知道怎么做。也有的人教无极桩或练无极桩说什么神游物外,恍兮惚兮。学习的人感觉挺好,恍兮惚兮了!可你如果连无极桩是什么,练无极桩的目的到底是什么都不清楚,练内功的基本原则都不知道,那你恍兮惚兮半天在干什么呢?

说进入一种无人无我的状态对不对呢?非常的对。可是脚下无根地进入就是不对的。道家南宗初祖张紫阳真人曾明明白白地说过,"始于有作人难见,及至无为众始知。但见无为为要妙,岂知有作是根基。"老子也在《道德经》中说:"故无名,以观其妙;故有名,以观其窍(缴)。"

二位祖师所说都是在告诉后人,以有入手是始,以无见效是末。孔圣人也在《大学》中说:"事有始末,物有始终。知所先后,则近道矣。"所以,若不知本和末谁在先谁在后,就是颠倒,便是妄想。《心经》也说,"远离颠倒妄想,(方有)究竟涅槃(的可能)。"

大道至简,真法一途,佛与道没有根本区别。习练太极亦是不出个中道理,无论你是何门何派,终归是要捋着这条脉络的,否则,必是差之毫厘,谬之千里。所以,起手筑基无极始,有为有作是法要。

无极桩作为太极门正脉传承的法门,其存在和作用是毋庸置疑的,也是不可或缺的。但是,无极桩在开始阶段的目的就是练出气沉脚底、其根在脚的功效。而在这个过程中,它能变化人的气质,让弱者转为强,让暴者化其燥。这种变化的实质性其实就在于对血气的梳理而获得的轻安之功。

无极桩这一步筑基功效达到之后,还不能急于练浑圆桩。浑圆桩是两手在胸前撑抱,术语叫作"抱桩"。很多人抱桩,抱的都是死桩。试想我们求那点生机还求不过来呢,怎么可以越抱越死气沉沉呢?可是很多人真的是不懂这里面的道理与奥妙啊!

怎么能抱出一片生机呢?就是得需要周身的蠕动,而不是死死不动。这种动在外表不细看几乎是看不出来的。它像春回大地、万物复苏那一刻的状态,周身的关节都在若有若无地做着蠕动状。其中,脊柱的四大椎节是尤为重要的。不通过单独的桩功练习,直接"抱桩"是练不出来的。

动"四椎"在我们李氏太极练法中有三个桩法,也叫作"唤龙三桩"。因为,脊柱若龙之身体,把脊柱这条龙练活即为唤醒这条大龙,简称"唤龙"。其桩有三,分别是翻江倒海、游龙戏水、乌龙盘柱。

翻江倒海是将脚下涌泉连接的地气通过脊柱前后波浪似的

涌动送到脊柱，最终直达百会处；游龙戏水是通过脊柱的左右"S"形的摆动将地气送到脊柱，最终直达百会处；乌龙盘柱则是通过意气绕着脊柱呈螺旋状地将地气送到百会处。

这三个桩法任何一个都能让脊柱渐渐产生极强的弹力。练的时候，习练者得气特别快，后背可快速发热、发烫，内里的脏腑也是无比的舒服。此三桩虽然是吾门初级桩功中的第二次第之法，但起点高、功效强。究其根本，从现代医学可知，我们人体的运动神经和感觉神经均由脊髓传导上行和下行，因而这三个桩看似练的是脊柱，实际和神经系统密切相关。

另外，我国中医学也有"诸髓皆属于脑，故上至脑，下至尾骶，皆精髓升降之道也。"所以，针对脊柱的桩功练法也是有其人体医学的科学依据所在的。通过这三个桩对脊柱四个椎节的练习，有"贯肾、填髓、通脑"之效。以上这部分给大家交代的是在桩功习练系统中的第二步，要单独练脊柱的原理和依据。

"唤龙三桩"练习完毕后，才可以开始"浑圆桩"的练习。此时练习起来的感觉就大不一样了。这里面的感受没法说，说了就是再聪明的人也只是停留在理解的层面罢了，终究不是那么回事。

这就好似我站在二十层楼和在一层的你通话，我把我看到的景象说得再清楚，可你的想象与你自己到了二十层楼看到的永远不会一样。所以，千说万说就一个字，练！

可如果从系统的缜密性而言，直接练"浑圆桩"还是有所缺陷。虽然，从无极桩到"鱼龙桩"已经具备了练"浑圆桩"需要的条件，但练"浑圆桩"不仅仅需要这些。所以最好再把"虚领桩"练一段时间。

"虚领桩"是专门练习虚领顶劲的，这也是不同的桩不同的价值所在。练无极桩的重点是下盘脚的生根之功，练"鱼龙桩"的重点是中盘脊柱的蠕动之功，而练"虚领桩"的重点则是练上盘头的顶领之功。

这三个桩也叫作天盘桩、地盘桩、人盘桩。天为上盘，为头；地为下盘，为脚；人为中盘，为脊。练什么都是有它的实际道理和依据的，不是胡来，不是想怎么练就怎么练的。这就好似给汽油车只能加汽油而不能加柴油，是有它的缸体机理的。

练"虚领桩"的时候，还是按照无极桩的要领要求站好：三点一线、活百骸、找平衡、得中正、展慧中、松密处、三七分力。然后，两手从身体两侧带着气上行至头顶合十拜斗，气不可上拔。随着周身的百节放松而逐渐匀缓地屈身下落，此为伏身法。起来的时候为升身法。须想着头顶百会有一根小绳把自己一点点拎起来。其好比皮影戏里的皮影，本身软软塌塌的，是顶上的小绳把它拎起来的。

这个桩练好了，是对无极桩松沉到脚的一个反向强化，能让头和脚犹如太极图似的形成上下对称、对拔，相吸相斥。它们最终的作用就是为了补足练习"浑圆桩"缺乏上下劲的根本力的问题。

我说很多人站"浑圆桩"不对，是指犹如盖房子似的，次第不对。上来就一抱，这好比房子四面的墙壁，不打地基就垒墙，这肯定是不对的。想在垒墙的同时兼顾打地基，这更是不对的。科学发展到今天也不可能做到一边垒墙一边在下面打地基。所以，想直接在"浑圆桩"里就把无极桩的功夫练到是极其错误的做法。这是其一。

其二，练"浑圆桩"站的是六面力，也可以叫作太极球。球是立体的，是力在360°无凹凸的相互作用。我看很多人站"浑圆桩"就是放松而已，软软塌塌、瘪瘪嘟嘟的，搞不清楚依据什么原理那么练！目的是练放松？两个手臂都端起来了，你怎么放松也不如垂在身体两侧放松。难道说，是为了练所谓的"极柔软然后极坚刚"？柔软倒也没有错，但是软软瘪瘪就是错的。

什么是六面力呢？上下为一组矛盾力，前后为一组矛盾力，左右为一组矛盾力。三组之间又互为矛盾力。如果说，上、下、前、后、左、右为六个点，那么上下、前后、左右就是三条线，而三条线彼此的交互则为面，六面进而成为球。点、线、面、球是在"松紧紧松勿过正"练习原理中形成的。

在通过"浑圆桩"练出浑圆球的过程中需要一个必不可少的重要条件，这个条件就是上下这个中正，也叫上下劲。这就好似狼群有狼王、国家有纲领的道理，"浑圆桩"里也有主次之分、君臣之别。因此，有人就对"浑圆桩"的练习做了一个总结：上下为奥妙，前后为本能，左右为技巧。

什么意思呢？无论是养生还是技击，上下是首要的存在条件。没有上下这个劲，前后、左右就都无从发挥。因此，练太极拳有"劲起于脚"之说，练形意拳有"消息全凭后脚蹬"之语。没有这个，练拳就是空的，用的就是拙力。站桩是为了什么？于拳而言，就是为了助力于技击的打击力。拳者，技术也。桩者，功力也。

拳击是直、摆、勾，然后是组合拳，这是技术。平时的体能、力量训练则是功力。站桩和它是一样的目的，只是开发人体的原理和方法不一样。所以，练太极拳不站桩怎么能行呢？那是既不合理，也不会达到练拳的效果的。

很多人会练的套路倒是不少，练的时间也不算短，可是一提到其中对错的原理、根本就和自己掌握的套路数量以及时长不成正比。不过，这都没有什么，不懂就学，学会了也就提升了。

其实，桩功在上千年的传承演变中，通过一代代人对其进行丰富，进而形成了一套独立的修行体系。它不仅可以服务于拳术，也可以独自对习练者产生莫大的功用。所以，桩功无论从哪个方面来说都要引起我们的重视。切记，站桩站对了只有益，绝无害。反之，纵使无害，也肯定会影响站桩、练拳的效果，达不到站桩、练拳的最大目的。

我从小学拳至今，历经的老师各门各派不止一家，同道的朋友也不限于一位。老师、朋友都彼此不认识，但这些老师、朋友在各自的练法里都是有站桩这门功夫的。这也从另一个侧面印证了无拳不桩的事实。

进入高级桩功部分，桩功内容越发丰富。开始由静桩的习练向动桩的习练进行深入。从拳术应用的角度出发，拳是动的，因此要把在不动的桩功里习练出来的东西往动的桩里升华，进而使动桩为拳术服务。

其实，太极拳步步都是桩，任何一个动作完成后定住不动即为桩也。但这是指有桩功的底子，而不是表面不动那么简单。譬如，必须要能做到松沉到脚，脚下生根；必须要能做到立身中正（不是躯干挺直）；必须要有具备六面力的功夫；必须能做到周身的内在蠕动等。

以上这些，单独练站桩的时候都很难做到，更别幻想从动态的拳中或者前后腿承重的大比例中做到了。欲想跑，先站好。简单的站都站不好，怎么可能跑得起来呢？所以老前辈说得好："要知拳真髓，须从站桩起。"

## 二

## 世间唯一无二法　去掉俗力生整力

现在很多人喜欢太极拳,但大多数人练得都不对,所以怎么练都感觉不到练它有什么迥异于前的地方。为什么练得不对呢?因为练法体系里面少了一个重要的步骤——桩功。

桩功在中国任何一家拳术流派体系当中都是必须要有的。

例如,少林拳练法体系中有马步桩、弓步桩、虚步桩、跪步桩、骑龙桩等,须以马步桩为主;

形意拳练法体系中有浑圆桩、子午桩、降龙桩、伏虎桩、五拳桩等,尤以子午桩为主;

太极拳练法体系中有无极桩、浑圆桩、开合桩、缠绕桩、滚球桩等,尤以无极桩为主;

八卦掌练法体系中有定式八桩、动式八桩、形神八桩、下沉桩等,而以动式八桩和行桩为主。

由上可见,想学好任何一门拳术都不能没有桩功的基础,可是纵观现在学拳的人又有多少是从站桩上入手的呢?又有多少人能真正用心钻研站桩和长时间坚持呢?所以这是很多人学太极拳很长时间却没有什么不一样感受的重要原因之一。

桩功是我国独有的。你查遍中国之外的武术、搏击、瑜伽等,怎么也不会找到有桩功练法这一项。这是一件不说没有多少人能意识到,一说又会让很多人感到奇妙的事情。为什么国外没有呢?难道外国人不会学吗?如果你能想到这个问题,答案就接踵而来了。

因为桩功在武术体系当中的目的只有一个，就是求得整体力。而整体力既是中国武术发展到巅峰的大乘认知，同时也最为符合现代科学原理。过去的老前辈们常说，练的就是能把身体这一百多斤的力量放到对方身上，足矣！这说的就是整体力的效果。那么，这种整体力是怎么练出来的呢？答案就又得回到桩功上去了。

我们可以这么设想，一个人如果能把一百多斤的重物砸到对方的身上，结果会怎样？那么，这个重物如果换作我们人自己呢？说到这里，问题就出来了。一是如何才能做到把自己一百多斤的重量作用到对方身上？二是如果对方躲闪过去了怎么办？

中国的老祖宗们在漫长的岁月实践中找到了最佳的解决办法，即桩功。为什么说是最佳办法呢？因为通过桩功，首先能实现把自己一百多斤"砸"向对方的效果，其次，即使"砸"不上，仍然能迅速二次蓄力。

这里的关键就在于要能把自己一百多斤的整体力"砸"出去，这个技术就是我们练太极拳的都知道的"借地之力"。但"借地之力"必须要能先做到松沉到脚，然后再通过"劲起于脚，发之于腿，主宰于腰，形于手指"的顺畅劲路得以实现。

大家看到这里就应该能够认识到，松沉到脚是先决条件。如果我们做不到这一点，那么就无"借地之力"可言，没有"借地之力"，我们想产生打击效果就会用本力，本力相对于整体力而言是笨力、僵力、局部力。

你或许会很奇怪，为什么本力不如整体力还要用本力呢？没有办法！因为无法"借地之力"，所以只能用本力去打击对方。而为了加大本力的打击效果，就要对肌肉进行力量性的附加练习，这就是中国之外的武术、搏击训练和中国武术有着很大不同的根本原因所在。

也因为这样，所以外国的搏击习练者看着都是非常强壮的

"肌肉男"，而中国从古到今的功夫家大多都看不出多么孔武，尤其是内家拳习练者。因为中国的武术练的不是外部肌肉的力量，而是内里筋骨膜的超凡！这种独特的现象也就是我们常说的内功使然。

接骨、抻筋、腾膜，这是中国武术能有神奇的打击力的基础核心所在。我们很多练太极拳的人都很热衷柔能克刚一说，但大家是否想过，为什么稻草克不了铡刀呢？你或许能说出很多道理，可答案其实既科学又简单——稻草的质量与密度不够。因此，太极拳要想做到以柔克刚，就必须做到改变自身的质量和密度的内结构。这也通用于其他任何正宗的中国武术原理。所以我们必须要对接骨、抻筋、腾膜有着足够的认识和重视。

那么，如何才能接骨、抻筋、腾膜呢？答案仍然是桩功，且桩功是其唯一的途径。为什么？一是因为站桩能最好地放松身心、放松肌肉；二是因为站桩能基于这种松而逐渐找到重心和中心；三是因为站桩在找到重心和中心的基础上，才能真正做到接骨（斗榫）。骨和骨能合理地对上了，各处的筋也就随之变化了，膜也就渐而腾起来了。这就是桩功要松肌肉，且反对肌肉力量练习的原因所在，这也是桩功会改变人体质量和密度的奥妙所在。

所以，真正的中国传统武术不练肌肉，练中国传统武术有成者"没有肌肉"。这回大家应该能够从筋骨膜的层面，搞明白练太极拳要松的原因了吧。可话又要说回来了，学任何拳术都要从桩功开始，这就好似学写字都要从一笔一画开始的道理一样。因此，想练好太极拳就必须也得从桩功开始不可。而桩功里的那些奥秘是中国的唯一，世间的无二。

# 三

## 欲得站桩桩真髓　须从无极桩功始

"人有南北之分，性无南北之别。"拳亦然也！

学太极拳的过程中练习站桩的也不乏其人，但却未必人人都知道王芗斋这个人。我可以肯定地说，不了解王芗斋先生的桩功理论与思想是站不好桩的。因为王芗斋先生是中国传统武术与时俱进、划时代的一位大改革家。更为准确地说，他是将桩功练法专门进行现代剖析诠释的第一人，从古到今，无出其右。

对中国传统武术一知半解的人会说王芗斋先生是形意门的，后来创了个"大成拳"，他和太极门、太极拳没有什么关系。这就是不懂之故，甚至是于门派形式之局限尔。要知无论何种门派拳法都离不开人这个根本。离开了人的身与心的相互作用，则拳不成拳，派不成派。诚如六祖慧能所言："人有南北之分，性无南北之别。"拳亦然也！

说到这里，我们就要郑重地去审视了，你看很多练太极拳的人也站浑圆桩，但是问题出来了：一是浑圆桩没站出个所以然来，甚或说，就没让站桩的人感觉到对练好太极拳产生了多大的效应；二是同样基于人体相同的DNA结构，可在浑圆桩的练法上，却没有人家王芗斋先生的浑圆桩练法那么丰富与科学。

为什么这么说呢？我在上一篇文章当中已经讲得十分清楚，中国的传统内家拳术其独特之处就是不练肌肉的力量，只有不练肌肉的力量，才能在筋骨膜上得到侧重。这层道理有点类似不舍不得。所以太极拳的练法要求是必须要做到松的，而这也通用于一切正宗的内家拳练法体系当中。

只是，松虽然没有错，但一味地松就是错的。这恰恰就是今天的太极拳习练者进入误区，练不得法的原因所在。为什么呢？就是因为大家根本就不明白为什么要松，以及松到什么程度就够用了。对于我说的这两个知识点，在我不给出答案之前，必然会让各位一脸茫然。所以才会有那么多的人练不好太极拳。

我们必须要明确一个重要的理念：松，贯穿于太极拳，乃至任何内家拳习练的始终，它是非常重要的。譬如，一开始这个阶段松的目的就是为了沉，因为无松不沉，非松难沉。而松沉的目的只有一个，就是找到人体的根，也就是改变人体后天的重心所在。在整个松沉逐渐形成的过程中，也是对人体里里外外、前前后后、左左右右的理顺涤荡，以此来解决身体几十年来所形成的纠结矛盾。所以松沉特别重要。

松沉到脚，这是必须要做到的一番功夫。能做到松沉到脚就相当于落地生根，不能松沉到脚自然就桩功无根、练拳无根，那么即使站一辈子也和站桩的实质没有半点关系。所以很多人站再久也站不出来什么，不得不说这是一件很痛苦的事情。中国有句成语，叫作"釜底抽薪"，意思是指暗中进行破坏。人，站桩没有根，就如同"釜底抽薪"。

所以教人站桩必须要教其得根之法。若教者不帮学者找到根，就相当于告诉学者造个锅、倒进水，却唯独不告诉还要填充柴火，很是坑人！由此可见，松沉到脚是桩功过程的必需。如何能做到松沉到脚？必须从无极桩入手，舍此无他。此乃桩功体系最为科学组成的第一环，也是极为重要的一环。

无极桩的姿势在太极门的"无极歌"歌诀当中交代得很清楚："无形无相无纷拏。"往那儿一站，两手自然垂于身体两侧，此即"无形无相"是也。通过从下向上的一节节松展，使得周身之紧迫渐次得以解决并将状态维持住，是谓"无纷拏"。无极桩具体练法可在课件中掌握关键，光是凭借口说耳听是不行的，故在此不做赘述。

另外，我发现很多人站桩都是从浑圆桩练起的。我可以非常负责任地告诉大家，这绝对是错的。当然，不是说浑圆桩是错的，而是习练桩功的次第出现了问题。一开始必须要从无极桩站起，达到标准了，再练浑圆桩就会天差地别。

为什么？假如连无极桩都做不到松沉到脚、脚下生根，两手一抱的浑圆桩又怎么可能做到松沉到脚、脚下生根呢？此又犹如坐着都写不好字，就幻想走着能写好字是绝无可能的道理一样。

说起无极桩，就不得不提王芗斋先生曾经说过的很经典的一句话："大动不如小动，小动不如不动，不动之动乃是生生不已之动。"很多人会以王芗斋先生的这句话为依据，认为站桩都是不动的，这完全是错的。当然，我们不是说王芗斋先生说的是错的，而是习练者直接一上来就不动是错的。

王芗斋先生这句话的意思其实是要先打好基础，没打好基础就妄想要成果，这个世上就没有这个道理。王芗斋先生为什么要提到这个动的问题？因为站桩开始是必须要动的。为什么必须要动？因为要找"接骨"那么一下。骨和骨接（对）不上，人就肯定无力，譬如脱臼、错位、腰椎间盘突出等。所以站桩必须要接骨。

很多人不是站浑圆桩吗？但你连骨和骨都对不上，白站的！有的人看到这里会在心里想：哎呀！原来是这么回事，那我以后再练的时候把骨和骨对上。我告诉诸位，没用的。你听我这么一说会觉得很生气，心里想：骨接骨是你说的，我们这么练没有用也是你说的，你这不是要我们大家吗？我说，你别急啊！往下看。

我为什么说没用呢？因为你没从无极桩练起，并且，就算你从无极桩练起，如果不得法也是没用的，必须得法才能松沉到脚、脚下生根。这个法就是松身之法。松身之法的关键就是动。

动即松，松即动。你们看军人站岗时总是一动不动。真松的话，可能一动不动吗？

一动不动为紧，紧就一动不动。松动、松动，只有松动才能化掉本体固有之僵力，进而实现向下的松沉。这就好比一袋子面粉，你晃一晃它，它肯定会往下沉。所以一开始就站桩不动是绝对不对的。因为脚是人体向下的终端。能松沉到脚也就意味着下肢作为这个中间的管道也松了。

通过动能松沉到脚，人体的重心也就彻底地向下形成位移。之后开始进入从大动到小动的练法阶段，此阶段开始在脚下"找中"，即平衡点。这种找需要身心二者非常细腻地彼此感知与调控，只有在这样细腻的"找中"过程中，才能真正实现骨接骨的可能。这就好似骨科医生的正骨之法，晃荡，晃荡，晃荡……突然一下就给患者对上了位。聪明如你，这回应该明白了站桩为什么必须是要动的吧！

大动如晃面袋子，目的是为了沉。小动如天平找准，目的是为了中。能不偏不倚是谓中，能中则骨和骨自然而然就对得上，此亦为正。"中正"二字说的即是这个。脚下找到中，周身骨节随之相应对上的瞬间就会被锁住，这就是定。"中定"二字就是这么来的。

这样的过程就好像我国古代木工工艺里的榫卯技术，必须得把榫对接到卯里，这样搭建起来的木结构才能稳固不散。实际上，练拳架子的目的之一就是这个。陈长兴先师在"太极拳十大要论"当中所描述的"破之而不开，撞之而不散"说的也是这个效果。故太极拳的练习在太极门里也被称为"行功走架"。说的就是这种"接骨斗榫"的拳架。可话说回来了，若在桩功不动的时候都做不好，一动起来能做到才怪了。都说太极不急，可叹今人太着急！

所以我说想练好太极拳就必须练好桩功、练对桩功。反之，你都没练过桩功，或你练的桩功都不对，你在不动的时候都做不好，却想在练拳时动来动去中就能做得好是不可能的。想练好拳，就要站好桩，而欲得桩真髓，就得首由无极始。当通过无极桩这样的秘法练习做到真正的"接骨斗榫"之后，筋膜自然而然会随之悄然变化，这当然又是极为有趣的一件事情。

## 四

## 浑圆桩法有何奇　　三维六面力无疑

站桩要站出一份生机来，如虫子复苏般的萌动。只有这样，身上才能有精力。

过去的老辈人教人站桩的时候有"傻站"一说。现在很多人就信以为真——保持一个姿势傻傻地站着。其实这是完全错误的认识。

大家应该都听过一句话："拳打千遍，其理自现"，其本义是练拳的次数积累到足够的量后，其中的原理也就明晓通透了。可又有多少人想过，如果练得都不对，你再去积累又怎么可能其理自现呢？所以"傻站"绝不仅仅是字面意思的傻站，"傻练"也绝不只是傻练。它都是有前提的。

在上一篇文章中，我提到了学站桩必须要从无极桩起始入手，为什么？就是为了能在后续的浑圆桩中站出东西来。我还提到了松的重要性——能松沉到脚意味着我们周身也都渐次地松下来了，否则是松沉不到脚的。

在之前的文章中我也曾说过，于松沉的基础上还要往松活上找，否则，松沉有余而轻灵不足，轻灵不足就会重，重是绝对不对的。太极拳谱里说得很清楚："轻灵活泼求懂劲。"智者一点即透，愚者百说难明！

我师曾说，站桩不能站死桩，抱桩也不能抱死桩。意味着不能把桩功练死了。你看拔牙、正骨是不是都在敲敲打打、晃晃悠悠中找那个最合适的点？没有一上来就生拉硬拽、死薅愣怼的，碰上那样的大夫，你非和他急不可。

站桩也是这么一回事。所以王芗斋先生说："不是不动，内里生生不已之动。"

在《逝去的武林》一书中，李仲轩说："站桩的要点是'学虫子'，冬天虫子钻进地里死了一般，等到了春季，土里生机一起，虫子就又活了。站桩要站出这份生机，如虫子复苏般萌动，身上就有了精力。"这说的都是我在上一篇文章里提到的"动"字。只是我才疏学浅，没有这二位说得好。

站桩要会接骨。接骨就是正架子，即把人体的骨架按照拳术的原理要求进行一番修正，譬如裹裆、护肫、含胸、拔背、凸命门等与人体平日里截然不同的形体结构变化。术语称为拳架，也叫作功架。

想接骨必须要在松沉且松活的过程中找到那个对接的点。所以一开始必须通过"无形无相无纷拏"的无极桩松到两个脚上，然后通过脚下的秘诀去找周身骨骼之间的"搭点"。能做到这一步，再去练浑圆桩百试百灵，直超顿入，不可同日而语。

你说真有这么神奇吗？其实也没什么神奇可言，反倒是很科学合理。道理很简单，你想一想啊，脚下有根和无根去站浑圆桩能一样吗？不用我说，如果无形无相地往那儿一站都站不出"根劲"，周身骨和骨都接不上，且内里没有"生生不息"之感（太极拳谱术语称为"定在有隙"），那直接两手在胸前一抱就能有这些了？那不是妄想吗？这和坐着都写不好字，走着就能写好字的谬论何其相似。浑圆桩又何尝不是如此呢？所以没有无极桩的正确练法及功效作为根基，也就没有浑圆桩真正效果的上身。

浑圆桩，在太极门里也被称作"太极桩"。这个桩是想练好太极拳、练对太极拳极为重要的一个桩。因为太极拳里的每一个涉及手上的动作都是这个桩的变易，即无论什么式子都要做到束肋、张肘、松肩、坠肘、含胸、拔背、撑裹等。能做到这些，才能生发"蓬劲",没有"蓬劲"的太极拳必犯顶、扁、丢、抗四病。提到这些就是要告诉大家,想练好太极拳为什么必须要站浑圆桩。武术术语中有句话,叫作"筋长力大"。

大家都知道,中国的拳术练的不是肌肉力,最起码内家拳肯定练的不是肌肉力(但注重肌肉的功能性作用),它练的是筋骨。这个筋骨怎么练呢?先让周身的骨和骨能接上,然后,筋随着骨的变化而变化。注意了,这里的关键点是,筋随着骨的变化而变化。如果说,骨架的变化是整体性的,那么附着于骨上的筋与附着于关节上的韧带也就会随之相应地发生整体性的变化。

说得再明白一点儿,内家功夫就在于骨和筋要同时产生最合理的变化,即骨和骨的接骨斗榫所形成的自然力,必须要通过遍布周身的筋和关节上的韧带来维持其结构的稳定性和变化角度的合理性,进而才能处处都有整体力。没有筋和韧带的有机维系,骨架子一动就会散架变形,整劲也就不可能存在。大家也可以想一想,人们平日里的站立、行走若没有筋和韧带的维持作用,骨头架子是不是就会散了?

所以对筋的锻炼在拳术中的作用是极为重要的,这种锻炼是基于骨的变化而变化的,这就是内家拳的一大特点。所以内家拳的腿不用踢得多高,也没必要做到横叉、竖叉。要知道,形一大,骨和骨在合理搭建下所能形成的整体自然力就荡然无存了。如果不注意骨和骨的合理搭建,而是练柔韧性,练得腿能踢多高,架子能蹲多低,也是于拳术一道没有实质作用的。如体操运动员、瑜伽习练者,柔韧性再好也没有攻防技击的作用。这都是很好的例子。所以拳术中的练筋必须要基于练骨。因此,浑圆桩必须要能把各处的骨一一对上,这就是术语所谓的接骨斗榫。现在很多站浑圆桩的人站的都是不对的。比如一些练太极拳的人站浑圆桩,不知道是因为松的理念还是别的什么原因,两手抱在胸前软软的、瘪瘪的,这样是绝对练不出拳术里所需要的那些东西的。还有的人是硬撑着两臂在胸前一抱来站浑圆桩，这也是不对的。这两种情况都是没有搞清楚浑圆桩到底是怎么回事。

之前也说过，中国的桩功走的是接骨、抻筋、腾膜的路子，练浑圆桩若脱离了这个核心，于拳术一途而言也就没有了耗费时间与精力的意义。下面我结合浑圆桩的习练目的及原理说一下正确的浑圆桩到底怎么练。

练浑圆桩的时候必须从无极桩开始。先通过无极桩把周身的骨都给对上。对上后，两手如太极起势一样轻缓地在体前升起。当与胸高度平齐时，轻柔地滚肩、转肘、翻腕，掌心朝向体内。感觉如抱一球状后，以张力能附着于臂的外侧阳面为最佳。里阴外阳，内空外张，无处不是阴阳之理也！合理的练法才能有正果。不按照原理去做肯定是不行的。做什么都要合理。

需要重点说明的是，这个浑圆桩的练法从无极桩起手的一瞬间，就要把松沉到脚的"根力"借上来。直至形成浑圆桩的瞬间，两臂两手就好像抽水泵一般，把"根力"行遍周身，且这个力一直到浑圆桩练习结束前都要存在。这就是秘法，过去秘不公开的练法。我不说，你不可能知道。我说了，你不去练也不会感受到。身知胜过心知。东西上身了才是你的，否则永远和你没有一丁点关系。

浑圆桩是不是这样就可以了呢？哪有那么简单啊！细腻的要点还多着呢！

首先，两手要形如瓦垄，其由展、抓、扣三诀要而成。其次，两肘要外张如拉弓，由坠、镇、顶三诀要而成。最后，脊背要圆融如伞撑，由拔、拉、靠三诀要而成。手、肘、背完成变化后，骨和骨的对接变了，筋与筋的作用也跟着变了。

这么练的才叫作"玩意儿"。否则，就应了老辈人常说的那句话："练的那叫一个什么玩意儿。"你也别觉得这话怎么就那么不中听，你要是这么练，练对了，你也会不由自主地流露出这么一念："以前练的那叫一个什么玩意儿！"

王芗斋先生曾说："松紧之枢纽在于上下，上下相引为周身互争之法。"上下劲在各种桩法里都是母劲，也叫作根劲。没有上下劲的对撑对拔去站桩肯定是不行的。所以开始必须用无极桩找到根，然后通过接骨斗榫完成根劲上身的雏形。之后再在浑圆桩中通过根劲作用于两臂的左右与前后，这么练出来的就是六面浑圆力，也是浑圆桩这个名称由来的一个方面。能在六个面相对匀称作用下的练习，骨和筋也会跟着产生微妙的变化。浑圆桩练对了的检验方法就是别人按你的手臂，犹如按在一个整体的弹簧上，按之不瘪不散且有弹性感。此和硬撑硬顶完全不同。因为圆球是匀称的，所以必须要在练习中往匀称上找，即上下、前后、左右的力相互均等的作用，如此形成的力是平衡的。平衡的就是太极。所以通过浑圆桩正确的六面力练法所形成的整体劲也叫作太极劲。能站而不动有之，才能在行功走架的拳法当中有之，才能在练拳当中处处都有"蓬劲"感，每一动都能清晰地感觉到骨和骨都能合理地搭上，才能从脚下到手上感受到什么叫作整体力。

桩功是中华民族的一个宝。因在上千年的传承中不断被丰富完善，故其早已形成了一套独立的人体潜能开发体系。这个体系里的内容不仅对辅助拳术功夫作用极大，且对疗病祛疾，乃至修身养性都大有裨益。

## 五

## 呼吸鼓荡开合法　　收放缩张意气拔

很多人练拳喜欢在呼吸上抠，这绝对是错的。但很多人就是放不下，总觉得这样有感觉，总觉得不这样就显得练拳和别的运动没有什么不同，甚至和那些不配合呼吸练拳的人没有什么不同。所以在练拳的过程中总是琢磨每一个动作怎么和呼吸配合，很多人甚至因此在练拳中带有明显的呼吸声。我很负责任地告诉大家，这么练的害处是极大的。为什么可以这么肯定呢？

对太极拳涉猎稍深的人都应该清楚一点，太极拳是最崇尚自然的一种拳。为什么呢？因为太极拳是大道，非小术。你总不能反过来说太极拳是小术，非大道吧？老子曾说过："人法地，地法天，天法道，道法自然。"可见，自然是最高的。我们说，拳即是道，那么道既然法自然，拳当然也就法自然。所以练太极拳又怎么能逆天而行，违背自然呢？你或许会问，呼吸配合动作怎么就违背自然了呢？

每一个人的呼吸都不是别人教的，而是出生之后因为气压的作用、人体的需要、运动的状态等客观原因自然而然形成的。这就是我所谓的自然。当我们违背了这种自然，譬如走路的时候想着提腿吸、落脚呼，整个人的行走就不会顺畅，外人看着不自然，自己也不会觉得舒服。跑步也是一样的情况，一试即知。太极拳又何尝不是呢？所以练太极拳用呼吸配合动作，无论是在道理上还是在实效上都是不对的。

但太极拳配合呼吸又是最对的。你看到这里或许会糊涂了，觉得我说话颠三倒四，怎么说对的也是我，说不对的也是我。其实，这就是练拳的一大奥秘所在，给你说明白了，你恍然大悟，不告诉你，你就理解得一塌糊涂。

练拳练得合理，练得对，一呼一吸自然是与动作相合的——不需要人为地控制呼吸配合动作。而如何练拳能练得合理，练得对？在前面的三篇桩功文章中已经简而又简地说明了——如果坐着都写不好字，走着就能写好字，那纯属谬论。反过来，只有坐着能写好字，才有可能走着也写好字。桩功对练拳的重要性及必要性的道理亦在于此。所以若在桩功上配合好呼吸，那么在练拳中自然而然就能配合上呼吸的道理恰恰也在于此。

过去的老谱文献当中提到"吸即是收，呼即是放"，也许练拳配合呼吸振振有词的依据就是来源于此吧！可若是如此理解，则是大错特错。我师郑昭明先生传道之时曾耳提面命曰："动作的收就好像人的吸气，动作的放就好像人的呼气。人的呼吸是在极其自然当中圆活顺遂的一来一往，无有间歇的转换的。太极拳法即以此理而植入练法当中——力求动作的收和放如呼吸的自然转换一般。而呼吸也会在悄然中与这种收放的节奏合拍，如此这般从始至终的行拳则谓之'拳势呼吸'。"

而在收的动作当中，周身处处从粗到细、从外到里、从上到下都要符合其理，而不仅仅是动作本身的回收。放的动作也是这样。因此，练拳要慢、要细、要匀、要静、要柔、要圆、要空、要合、要顺、要整。古谱谓之"表里精粗无不到"是也！

然而，这种收放却并非局限于拳术运动当中，且这种收放的质量也只有先于不动的桩功当中做到，才有可能在动态的拳术当中做到。这还是和坐着写字与走着写字的本末关系是一样的道理。因此，当能够做到上一篇文章中所提到的接骨斗榫后，就要在桩功中进一步进入呼吸的内容。

这种呼吸的内容和我们习以为常的鼻吸鼻呼大不一样，它是在气沉丹田的状态下，用丹田的内收外放来带动周身的一缩一张，待熟练持久之后，周身就会形成整体自发的缩张状态，犹如呼吸一样。

桩功若练到这么一步，对培元壮气、鼓荡周身气血的效果极佳。随着练习的深入，就能在练拳当中和呼吸自然合上了。同样是呼吸配合动作，但人为和自然出来的大不相同，真是天壤之别。所以想要练好太极拳就要站好桩，就要把桩功的一步步次第都练到。

桩功在上千年的演变过程中已经形成了一套可分可合、有静有动的练法体系内容。它是一个非常奇妙的独特功法，其既可与拳术相通，也有独立的效应。桩功本身就是一种修行。譬如，在禅宗属于立禅法，对参禅悟道有不可思议的功效。不同之处在于心法。对此，会在后续的文章中有所阐述。

总之，在科技高速发展的今天，古老的中国传统文化如何在这个时代找到它的正确位置，与时俱进地发展并为众生造福，这是一个很重要的命题，只有这样才能传承延续。否则，势必会被历史前进的车轮抛之辙后！

## 六

## 从桩入拳是进阶　　拳不离桩是根本

我在19年前向陈庆国老师学艺的时候，陈老师不止一次地讲："太极拳步步都是桩，一步一个桩；练太极不能只想着走式子，还要把每一个式子当作桩来练；光站桩也不行，还要考虑怎么把站出来的东西往走的式子里给'装'进去。"陈师所言对于喜欢练拳者而言，是非常重要的一点。

很多人练拳，我们称为"操"。这丝毫没有贬低嘲讽的意思。太极拳和太极操有很多本质上的不同。譬如，任何太极拳都是从起势开始的：两臂轻轻升起，掌心朝下，与肩平齐再向下落。难道，起势就真的这么简单，就是两条胳膊举起来、落下去？我在之前的文章中已经对起势练习的时候要能借地之力作了阐述。

起势是这么个原理，其他拳式也是一样的，每一下都得把地力借到手上来，借不上就不叫练功夫，也练不出功夫。因此，仅仅在这一点上，你练的是拳还是操，一想即知，一试即知。所以练拳不站桩，练到老来也是空忙。没有无极桩的功底，起势就是胳膊的盲动，有无极桩的功底，起势就是周身一家的一动无有不动、整体的动。

老辈人说得好："太极就是一个起势，一个收势。得着了就得着了，得不着就糊涂去吧！"在崔希范真人的《入药镜》中也说得蛮好："得其一，万事毕。"一通百通，一滞百滞。从桩入拳是进阶，拳不离桩是根本。一个式子一个式子地学习与积累，这属于加法。有加就得有减，最后终归是从叠加的式子里化繁为简，简而又简，如此即与道相合矣！

学习的过程就是"为学日益"，而练来练去的最终目的就是"为道日损"。所以，桩练到了一定的程度之所以必须要练拳，就是为了在动态的变化中求不同姿势下都能做到接骨斗榫。这就好似练习打乒乓球，在直来直去的固定落点下能够接发自如后，就要开始在落点的变化不定中去强化。而后者想要有接发自如的可能，就必须基于前者。这就是由桩入拳、拳不离桩的一个日常案例，道理其实一模一样。

桩和拳犹如阴阳，阴阳和合，方为太极。所以千万不能重此轻彼。桩是不动的拳，拳是活起来的桩，这是真一不二的至理。每走一个式子，得都是桩里出来的东西。走得要慢、要匀、要静、要整，要走出劲路来，不能断；上下、前后、左右的转换要犹如阴阳鱼一样圆活，没一处是空的，但又没一处不是空的。这是非常矛盾的一件事。练不到永远不知道，练到自知。

每个动作完成的瞬间，要坐腕、立掌、气沉、腹鼓、腰松、胯落、膝活、脚舒。顺势自然呼气，劲贯指梢，力达毛、甲、舌、齿。周身空洞却又有充实之感，这种感觉是因为筋骨的合理搭建形成的松紧适中，而让劲力能够敷于皮毛之上的效应（皮毛要攻）。身体里面不能感觉有力，否则就是还没有化净，淤滞在内里，劲路就不会通畅。

这些要点必须要一一做到，直至能够瞬间做到。这步练法叫作定式练法，是基于各种桩的次第练习，再到每一个拳式练习的过程。这是最系统的一种科学合理的练法，乃人人可以复制、个个能够成就的法门。式子完成的瞬间，变转下一个式子不能有大形（大动），而是那种极细极微的蠕动，就好似周身肌肉的点变。这是极为高深的。练对了，练着练着就能进入这个层次，极为玄妙！

太极拳是一种外呈柔和之象的拳术，但其内里却是劲的暗流涌动，遵循蓄而不发、含而不露的练法原则。但想达到这种效果必须要按部就班地练才行，必须要在桩上得到东西才行。它的这种含蓄在爆发的时候，完全是从胯、腰、身上出来的。不能在手，在手就错。手是接触点，惊炸在丹田，抖擞在腰身。

过去的老拳谱有"三回九转是一式"之说。虽然这是形意拳谱里的东西，可终归是相通的。一式就是一下，就是那个整劲的瞬间收放。如果把这个劲比作精钢，那么拳式的练习就好比对劲这个钢的千锤百炼，最终的目的无非还是回归到这个劲上罢了。至此，则"拳无拳，意无意，有意无意是真意"。

任何的突发事件的反应都无形无相，无招无式，信手拈来，随手而为，这也正合老子所言："损之又损，以至于无为而无不为。"这句话在拳里是实实在在的体现，而不是空洞的说理。只要按部就班地去练，让你的拳动而不散，处处都含着桩里的玩意儿，那么你的太极世界与过往将不再相同！

# 七

## 展眉开慧佛心笑　西山悬磬真奥妙

　　站桩看似挺简单，摆好姿势往那儿一站就行了。但其实站桩是最难学的。其难就难在对桩功里面的诸多细节上的微调。为什么同样是站桩，人家就能站出来，你就站不出来？因为细节决定成败。你"败"就败在细节上了。

　　前面对于站桩的内容已经讲了很多。譬如绝大多数人都在练的浑圆桩。这里面到底是怎么一回事，怎么个细节，怎么个不同呢？我再从另外一个开示的角度给大家讲一下。

　　站浑圆桩要的是抱（桩）出六面力，即在垂直轴、矢状轴、冠状轴的垂直面、矢状面、横切面上形成综合的彼此平衡。这种外部的物理平衡（形）加上人的神、意、气的内在，合称为浑圆。

　　而我们很多人站桩大多注意的是前后的矢状面，而忽略了左右的横切面和上下的垂直面，这就好像只重视数学成绩，而忽略甚至不管语文和英语成绩，这怎么能行呢？这样单一的站桩就不能叫作浑圆桩，也练的不是浑圆桩。因为，浑圆桩练的是上下、前后、左右的自身二争力和彼此之间的二争力，浑而为一，圆融无碍，是谓浑圆桩。

　　想练出浑而为一、圆融无碍的功夫来，首先必须要在上下的垂直面上练到。如果上下的垂直面都不合理、都紧张着，没有二争力的矛盾匀称感，那么抱桩就缺东西，也就抱不出东西来。

　　为什么抱不出东西来？气球，大家都是知道的，它也有三个轴、三个面。如果它的三个轴、三个面的每一个面的矛盾力（二争力）以及彼此的作用力不是均匀且协调的，那么它就不会是饱满的。不饱满的桩怎么能叫作浑圆桩呢！？

所以，上下劲，也就是垂直轴、垂直面必须成为站桩中的重中之重。而这也正是练无极桩要按照正确练法去练习的目的之一。只有在无极桩当中站出上下均匀的二争力，才能在有了这个上下功夫的基础上，去找前后矢状面和左右冠状面的二争力，以及三面之间的相互均衡的二争力。二争力其实就是阴和阳的矛盾统一。

这也好比脚下是进气口，气进来了，周身这个气球才均匀蓬撑。所以，垂直轴的上下劲至关重要。这也是站浑圆桩时膝关节折叠不能大的道理所在。一大，进气口就不通畅了，前后的矢状面和左右的冠状面就没了力源。其实，这也是我前面文章中总是提到的接骨斗榫的关键所在。只是换了一种表述罢了。

所以无论是从科学道理上而言，还是观摩功夫卓绝的前人桩功功架照片来看，大家站桩一定要合乎其理，不能傻站、瞎站、错站。时光一去不复返，站错的时光不仅不能重来，错误的站桩还会渐渐形成不好的习惯，甚至积累成自我的伤害。

说到这里，要提醒大家一件事，即无论是什么桩，一定要将中正安舒、周身整体的匀称支撑作为对与错的衡量标准。松而不懈、张而不僵，在松紧适中的六面力的相互作用下寻求八面支撑的感受。心中由此而生发出来的愉悦就好似二禅的"定生喜乐"，如此方为站对的果证。这种果证必然由"接骨斗榫""卸甲归田""掌中乾坤"的练法中形成。浑圆桩绝非简单的两手一抱，或者硬挺硬撑。如果是这样简单，那么你早就已经有成就了。

和之前文章有所重复的不再赘述，桩功习练当中还会有其他一些要点事项，下面就其中的细节问题，也是大家常常遇到的实质性问题作一解答。各位切记，用心读，用心参，你的桩功才能不一般。

有同学在和我学习站桩的时候就问，薛老师，头部怎么做才对？这个问题问得好。我平时教站桩是不提头这件事情的。为什么？因为一切修行法门都是从下向上的，反过来不对，一开始就直接想面面俱到也不对。你根本就做不到。这不是闹着玩的事，里面有太多的奥妙了，必须要按照次第方可。所以头是当桩功在脚下、身上有了一定的变化，达到了相应的境界层次之后的注意事项。

"下颌微收，头正颈直。"这是常见的要求，但这种看似没有什么问题的要求在实际练习当中却会让人感到头颈部是紧张的，而且时间越长颈椎越不舒服，严重者会有眩晕感、不适感。

那怎么做才是对的，才能在练习中没有不适感且能保证正确和持久性呢？很简单。一是想着天上有根小绳拎着你的百会；二是两眉从额头的正中间开始，顺着眉毛向两侧展开并面带笑意。二者俱备，你的头自然就正了，还不会感觉到头颈酸紧、僵滞。下面就说说这里面的奥妙。

拎百会，在古传秘法里也叫作"拎铃"。古代的铃和缩小版的梵钟在外形上很像，它外实内空。顶部由小绳吊起而悬浮在半空中。钟的内部有一"钟锤"，遇有外力或风的作用，会发出极为悦耳的响声，让听者心旷神怡，心生清空灵明。

我们学习太极拳稍久者都知道拳谱里有"顶头悬"一说，实际说的就是这个里面的窍妙。"顶头悬"反过来就叫作"悬头顶"，即头的姿态感犹如小绳拎着古铃悬于半空之意。这在《授密歌》中称为"西山悬磬"。这都属于古代门派内部口耳相传的秘法。不给你说破，你就是想破脑袋也不知道它说的是什么。

"拎铃法"属于李氏古传太极秘法中"太阴炼形"之术的范畴。什么是"太阴炼形"呢？神、意、气这些看不到的即为阴，站桩、练拳时的身形这些看得见的即为阳。外在的形不是自发形成的，其必然是在内部阴的作用和维系下形成并产生效应的。此即"太阴炼形"术法是也。

在铃的中空之内，于铃顶向下有一钟摆垂直于铃的中心处，此即对应人体的中脉、中线。在古谱当中所说的"百会会阴一线牵"，指的就是这个。"上下一条线，全凭两手转"，说的也是这个。其关键点就在于"拎铃"这一下。"拎铃"为法，垂中为效。所以"顶头悬"能牵一发而动全身，做对了对练好功夫特别重要。

"拎铃法"虽然十分奇妙，但火候的拿捏确实不好做到，做大了就会意重则过，做不到位则会意轻不及。因此，在古传秘法中又加了一法："展眉开慧"。"展眉开慧"是一种福德之相。相者在外，源于心内。故此法实际展开的是心结、心锁。

这个秘法特别好，有清心、净意、涤虑、开慧之效，是对"拎铃法"很好的辅助平衡。站桩时，二法兼之，谁练谁知。

## 八

## 四梢八法功架秘　　定势桩功道门传

此文桩功内容是陈庆国恩师生前所写，乃道家太极桩功秘法。陈庆国恩师是武当犹龙太极嫡传，亦是李氏太极第四代传人，生前在天津武术界人尽皆知。因为他的实战功夫练到那儿了。今将恩师原文转发，以飨爱好太极技击者——因此桩属于技击桩。

站桩前的规矩：首先，平心静气，排除一切私心杂念（调意）。两脚内扣，形同内八字，相距如肩宽（功法进展后应缩为一横脚之宽），自然站立。全身放松，两脚微微弯曲，膝不过脚尖，臀部不超过脚后跟（调身）。以上属于功架的范畴。

注意的事项：只有这些仍是远远不合法度的，必须还要有一个内外相应的正确功法（心法）。内家拳是着重于内在因素与外形相统一的，只有功法正确才能产生实际的练功效果。所以从一开始就必须一点一滴地做好"定势八法"，即提顶、吊裆、含胸、拔背、松肩、坠肘、撑膝、坐胯。具体要求细则如下。

提顶：提顶者，虚领顶劲是也。虚领顶劲可以有两种比喻：一如头顶上系有一线，升降起伏由它牵引，其劲要不松不紧；又如头上顶着一物，怕掉下来之意。头顶要正直，但不可有强硬之力。下腭微微内收，要不低不昂。神贯于顶，凝神睨视（炼神法）。镇头领气要有轻灵之意。头为六阳之首，周身百骸无不由头统领，能提全身才谓之提顶。提顶要与吊裆相配合，成为垂直一线才能保持中正。

吊裆：吊裆者，裆要圆，两股暗中用力，臀部前送，小腹要有上翻之势（勿过大），即肛门与肚脐之间有相吸之（势）意。但不要用力、用意过大。头顶百会要与裆下部会阴穴成为一垂直线相对。有时我们把提顶和吊裆放在一起讲，为的是以整体把握，以达到"尾闾中正顶头悬"。

含胸：心以上为胸。练内家拳，胸部不可挺起，要内含下松，两肩要微向前，内扣前合，要有披肩动作之配合（两肘应松沉、提拨、外撑、内扣腕转至手心向外，手指及掌有提插之意之势）。能含胸才能以心运气，气运（润）周身（要通过披肩法的练习来实现）。

拔背：能含胸才能拔背，能拔背才能力从脊发。两肩之中（上部）脊骨处似有鼓起之意（拳家多称"玉树挂宝衣"），但不可低头猫腰、燕拔脖。松活其肩谓其拔背。

松肩：能松肩，气贯于肘到手。用意和气将两肩松开，一般来讲要做三次披肩运动，即气由脚下上行至后背、脊骨、两肩，同时向内、向前的环扣动作后，气往下行再沉至脚底。虽（内）动（外）犹静谓之松肩。

坠肘：以心运气，气运身，气行两肘，同时做手随腕转，往来莫教空翻的缠丝动作。肘尖外撩，肘窝内扣，并将肘下沉，两腕滚动，两手提插谓之坠肘。

撑膝：胯往前送，两膝着力，先向外开胯，再吸胯圆裆，保持住一定的法度再向外、向下掤撑而下，并有向下之跪力（并非真跪）。将此意此气此力送到脚底，空悬涌泉，十趾抓地，两脚掌外缘踏实于地，脚心空悬成内八字，两脚间距离最好由一肩宽练到缩为一横脚之宽。

坐胯：坐胯必须尾闾中正，不准前俯后仰、左斜右歪，更不准向后凸臀。脊骨下部向前托起丹田，小腹微微上翻，谓之尾闾中正，谓之弓把。使气下沉不使上浮。打个比方，自行车的老式坤车，车把高座子矮，两手扶把，身体坐在座子上，保持中正自然。这样有助于理解体会坐胯。

再说说人体四梢：

其一，发为血梢。虚灵顶劲，镇头领气，练功发劲，养生技击，都离不开挑好血梢。

其二，舌为肉梢。又称为舌梢。舌卷气降，发声平仄，舌之转动皆通五脏，手之捻动、拳法动作，全离不开舌头的配合。喉中纳气，舌动搅海，金蟾开口，调动真气调其肾气，叫肾水上行与腹内鼓荡，通其窍妙都离不开挑起肉梢（舌）。注：恩师所言为息法，气法，也叫作"走气口"。

其三，牙为骨梢。不是合上牙齿就算了事。前面讲了，口之开合，舌是要动的，而牙也是要动的，咬牙鼓目是秘传八法之一。总之挑好、练好骨梢，于养生和技击都是有益的。

其四，指甲为筋梢。内家拳于手上的基本规矩为，虎口圆撑，五指通风。行拳练功多为以拇指、食指领气发功。五指之中皆有诀法，拳法无诀不灵。指示内外关窍，全凭口传心授。指头灵，其本身就是养生。用于技击则鹰拿，虎抓（虎扑），拳家多谓："能挨一拳，不挨一掌。能挨一掌，不挨一指。"太极虽言"拳"法，实际上指、掌居多，且尤为重要，号称"十指运行手有诀"。

按以上的八法、四梢所要求的认真去做，就是一个从无到有的养生无极桩，同时也是一个中体圆满、支撑八方，萌生技击效果，为技击桩打下良好基础的技击无极桩。其练法的关键就在于功架和心法要正确无误，这样才能上气快，养生技击效果才显著，为以后的各层功法打下良好的基础。

如果用于养生，按以上各项要求做好，气沉丹田，在有意无意之间，气越往下沉越好。对于呼吸的气和内气之运行，应任其自然，勿忘勿助。在保持功法要求和姿势正确的前提下，全部松下来，静下来。

经过教者演示讲解，点明功架的各处关窍明点后，就靠自己调度好自己了。这就是所谓的"师傅领进门，修行在个人"，必须先得有人能领进门才行。自己盲修瞎练，一辈子也找不到门，找到了也不知道，就又会失之交臂了。

此桩若用于养生，松的成分要多一些。我就曾用此桩治愈了一些病症。有些练功出偏的人几年未好，只站了一会儿桩就好了，关键是能调气、顺气。

如果用于技击，则要加强各项要求，要在功架的角度、法度上变换一些具体要求。在保持中正安舒，能支持八方的均衡间架的基础上，无论是上下还是左右、内外、前后都要带出有内功内力的缠丝劲来。

# 后 记

　　当所有文章的整理工作彻底完成的这一刻，既有喜悦，也有不安。

　　喜悦的是，历经两年陆陆续续的整理、审校，公众号里的文章在大家的期盼下终于付梓成书，极大地方便了大家的阅读与学习。而且，能够为我们的太极文化及运动的传递、发展做一些有意义的事情，这是我极为乐于效力之处。

　　不安的是，我生怕哪里做得还不够好，把本是极好的出书意愿破坏了，进而不能通过本书的内容帮助到大家！可既然书已经出版了，这一切的患得患失也就不重要了。总之，但行好事，莫问前程就是了。

　　这本书对于没有相当传统武术文化基础的初学者而言，阅读起来肯定有着不小的难度。因为书中所述的内容层次偏于中高，所以很多知识点的断层和自身的体悟不到就会对阅读、学习有影响。但多学习、多了解也是有好处的，这能够让大家从中确定将来的正确方向，同时也能随着自己的不断进步而起到相应的辅助提升作用。可以说，练到不同的阶段，都能在本书当中得到同阶段对自己有用的内容。而这个功效更遑论练太极拳年久日深者。

　　当然，我们也是基于这方面的考虑，所以会在这个系列丛书的后续将具体的功法、拳法的图文汇集成册来进一步服务于大家。另外，我们通过四年来的探索、打造，结合网络的便捷性，建立了网上太极课程学习平台以及微信学习群。通过视频学习课件和微信群每周以音频、文字形式的讲解来帮助大家练对太极、练出效果、提升自己、身心受益。

正所谓，一书一网一世界，伴拳伴品伴人生。最后，欢迎大家扫描下方的二维码进入我们的学习平台。